The Strategy for Internal and External Interests in Limited Liability Companies

Case Studies on Shareholder-Director Affairs

有限责任公司内外利益博弈

股东与董事实务案例分析

王怡舟 / 著

上海社会科学院出版社
SHANGHAI ACADEMY OF SOCIAL SCIENCES PRESS

前　言

公司制度的雏形可追溯至古罗马时期，历经中世纪的演进，在欧洲大陆逐步发展成熟。这一制度在我国市场经济的发展中起到了关键作用，在一定程度上让社会大众认识到，除自然人外，还存在具有独立法律地位的“法人”。

在笔者从事法律实务的十余年来，始终经历着一场持续的蜕变：从阳春白雪的象牙塔到下里巴人的律师工作，其间不断遭遇矛盾，经历解构、重构与自洽。自1993年第一部《公司法》颁布至今，已有32年，若追溯至1903年中国近代首部《公司律》问世，则已有122年。即便在《公司法》历经多次修订的今天，仍有部分当事人将“法人”与“法定代表人”混为一谈。如果这个例子尚有一些戏谑意味的话，更为普遍的实务两极则是：在我国《公司法》数度修订后的当下，国有企业已将企业合规建设提上战略日程，而民营企业仍多在探寻如何规避或突破公司有限责任、逃避或追究股东个人责任的路径。

本书内容结合了笔者工作时的思考与实践记录，以及笔者在澳门大学攻读博士学位期间的学术沉淀，经系统梳理而成。无论在法律实务探索还是法学理论研究中，笔者均尝试在“股东利益”（尤其是一人有限责任公司的股东）与“债权人利益”之间进行平衡与求索——这种平衡理念正是推动我国《公司法》在不同发展阶段修订的内驱动因之一。本书同时援引了部分在写作过程中发挥重要参考作用的司法案例，也为读者提供了一些实证层面的索引。

本书部分章节得到了笔者博士研究生期间导师伊莎贝尔·穆西尼奥·德·菲格雷多(Isabel Mousinho de Figueiredo)教授的指导，同时得到了笔者团队律师聿萌、希妍、雨含、凌云等的帮助，此外，亦离不开李编辑的支持，在此一并致谢。

王怡舟

2025 年 4 月

目 录

第三部分 有限责任制度下公司股东与债权人利益冲突案件梳理

引　言

股东有限责任是现代公司的一项基本原则，这一原则体现在大多数国家的《公司法》中。在有限责任制度下，股东的最大投资损失不会超过其对公司的出资额，投资成本的可预测性因此大幅提升，投资者对投资的信心也得到增强。在一定程度上，这一原则调动了投资者的积极性，并对促进经济发展产生了积极影响。作为独立的法人实体，有限责任公司享有独立的财产权，公司通过合法经营积累的货币、实物、知识产权等各类资产，均构成其独立财产。有限责任公司以其全部财产独立承担其债务责任。许多人认为有限责任是公司最有价值的特征。然而，任何事物都具有两面性。在有限责任制度下，公司股东与公司债权人之间的利益并不平衡。股东可以利用有限责任制度，在进行高风险经营时获得收益，而无须承担相关成本，因为股东可以将此类成本转嫁给公司的债权人。①

根据公司法的一项基本原则，公司具有独立的法律人格——它使公司与其股东、董事、高级管理人员及其他个人相区分，同时使公司的责任与股东的责任相区分。② 有限责任制度意味着，股东对公司的债务（无论

① Frank H. Easterbrook and Daniel R. Fischel, *The Economic Structure of Corporate Law*, Harvard University Press, 1996, p.18.

② Martin Petrin and Barnali Choudhury, "Group Company Liability", *European Business Organization Law Review*, Vol.19, October 2018, p.771.

是在合同责任还是侵权责任方面）承担的责任，仅限于其全部出资额。在有限责任制度下，即使他们所投资的公司破产，股东也无须承担灾难性的风险。①

该制度的优势在于：(1) 它能够吸引个人投资者，并汇集社会上的闲置资本，从而形成生产力并促进社会发展。(2) 该制度有助于实现公司所有权与经营权的分离，使公司由优秀的专业人士运营，从而提高投资回报率。(3) 有限责任制度降低了监督成本支出，因为投资者不再需要因担心承担无限连带责任的风险而亲自参与公司的经营，或是过度强化对管理层的监督。不过，这一制度在带来便利的同时，可能会导致管理效率降低，从而影响经济效率。(4) 该制度促进投资者投资的多元化，有助于分散投资者所承担的风险，并实现投资的多元化。

市场经济是公司产生的基础，法律则为公司繁荣提供了制度保障。在此背景下，随着社会经济的发展，公司制度不断演进，一人公司应运而生。一人公司的出现伴随着机遇和挑战。在一定程度上，其满足了个人投资者对有限责任的需求，起到了鼓励投资的效果，有益于社会经济的进一步发展。但另一方面，这又可能使债权人面临更大的风险。鉴于有限责任制度以及一人公司的出现可能导致股东与债权人之间利益失衡，如何在二者之间实现利益平衡值得深入思考。

笔者于中国执业多年，观察到在中国的司法实践中，一人公司股东与债权人利益失衡问题随着一人公司制度的滥用显著增加，而司法实践尚无有效、统一的裁判准则。本书将首先概述一人公司及其法律人格否认制度，阐明它的起源、定义以及在不同司法辖区的规定。其次，本书将通过案例对一人公司的股东责任问题进行研究，探讨在中国新《公司法》修

① Henry G. Manne, "Our Two Corporation Systems: Law and Economics", *Virginia Law Review*, Vol.53, No.2, March 1967, p.259.

订案的背景下,对于一人股东责任追溯所产生的影响。同时,通过援引典型案例对中国在司法实践中对一人公司适用法人人格否认制度时可能存在的问题进行探讨。最后,基于前述研究,将对一人公司股东责任的追溯制度提出完善建议。

第一部分 | 一人公司股东责任追溯

第一章
一人公司与法律人格否认制度概述

第一节　一人公司的起源与定义

1. 一人公司的起源

一人公司的出现源于将有限责任制度与个体独资企业的完全控制权相结合的需求。① 一人公司的唯一股东享有有限责任的特权，同时保留了作为个体经营者所享有的专属控制权与全面支配权。该概念最早出现在“萨洛蒙诉萨洛蒙有限公司案”②中，英国上议院首次承认“一人公司”的存在③，而这一承认在当时极具争议。

然而，一人有限责任公司的存在是必要的、合理的，也是不可避免的。首先，一人公司是市场经济发展的产物，能够满足某些行业对更高灵活性和更精细分工的要求。其次，一人公司兼具普通公司与个体独资企业的双重优势，在避免多个股东相互制约的前提下，满足个人投资者对有限责任的需求，从而有助于降低经营风险、提高运营效率，并促进经济投资效

---

① Bernard F. Cataldo, “Limited Liability with One-Man Companies and Subsidiary Corporations”, *Law & Contemporary Problems*, Vol.18, 1953, p.473.

② Ali Imanalin, “Rethinking Limited Liability”, *Cambridge Student Law Review*, Vol.7, 2011, p.90.

③ Ibid.

应。一人公司的出现推动了社会经济的发展，越来越多的国家在其公司法中引入了一人公司的概念。

一人公司的概念首次在中国出现是在2005年修订的《中华人民共和国公司法》（以下简称《公司法》）中，该修订明确了一人公司制度的法律地位。同时，该修订确立了一人公司法人人格否认中的举证责任倒置规则，即一人公司的股东须证明公司财产独立于其个人财产，否则应对公司的债务承担连带责任。

2. 一人公司的定义

新《公司法》* 并没有直接规定“一人公司”的概念，但我们可以根据2018年《公司法》第五十七条规定，一人公司是指仅有一个自然人股东或一个法人股东的有限责任公司。然而，在实际生活中，一人公司可以分为形式上的一人公司和实质上的一人公司。

在股东人数的表面形式上，形式上的一人公司是指公司自设立之初，股东仅为一人，自始至终呈现一人公司的组织架构；或者公司成立之初股东为多人，但在后续运营过程中，因股权变动导致公司仅剩一个股东。① 而实质上的一人公司虽在形式上具有多个股东，但实际上仅有一个股东发挥决定性作用，其他股东名义上持股但不实际参与公司治理。② 但是，在司法实践中，对于实质上的一人公司的界定尚未达成共识，导致公司财产混同的认定标准存在一定的不确定性。

---

* 新《公司法》指《公司法》（2023年修订）。

① 余宗林：《一人公司债权人保护概述》，《社会科学进展》2020年，第558页。

② 同上注。

第二节 一人公司的形式

一人公司是一种法律实体结构，能使个人在独立经营业务的同时享有有限责任的优势。一公司形式在许多法域中得到承认，它通过弥合个体独资企业与大型公司实体之间的差距，为创业提供了便利。

在英国等司法辖区，单一股东私人有限公司(Single-Member Private Limited Company)允许唯一的个人同时担任股东和董事。这种公司形式受《2006年公司法》(Companies Act 2006)管辖，该法规定了唯一股东的权利与义务，同时要求其遵守公司治理标准。[①] 这种灵活性对于希望扩展业务但不稀释控制权的小型企业家尤为有利。

在中国的法律制度中同样允许设立一人有限责任公司。这种形式在个人自主权与法律责任之间寻求平衡，并要求唯一股东保持独立的财务账户和记录。因而这一结构既在一定程度上降低了权利被滥用的风险，又确保了对债权人的保护，还增强了企业经营的灵活性。

采用一人公司框架对经济政策和公司监管具有重要影响。克拉克曼(Kraakman)等学者(2009)主张应建立健全的法定保障措施，以防止滥用，例如欺诈性利用有限责任保护机制。[②] 因此，为支持跨境创业与贸易，当今世界一人公司立法正呈现出趋同化趋势。

---

① Companies Act 2006 (UK), s7.

② Reinier Kraakman, John Armour and Paul Davies, *The Anatomy of Corporate Law: A Comparative and Functional Approach*, Oxford University Press, 2009, p.14.

第三节　一人公司法人人格否认制度的分析及其适用

1. 一人有限责任公司法人人格否认制度的内涵

一人公司法人人格否认制度是《公司法》中的一个重要法律概念。该制度旨在解决一人公司因所有权与责任相分离所带来的法律挑战及潜在滥用问题。本质上，该制度允许法院在特定情况下否认一人公司的独立法人地位，以确保有限责任制度的利益不会被唯一股东用于实施欺诈或不正当行为。

本节将详细探讨一人公司法人人格否认制度的理论基础、实践影响及其关键考量因素，并强调该制度在促进公司问责和实现司法公正方面的重要性。

从法律理论及实践维度考量，一人公司法人人格否认制度的适用通常取决于几个关键原则和标准。以下因素可能会被考虑在内。① 欺诈误导：若唯一股东利用公司实体对债权人进行欺诈或歪曲事实，"公司面纱"可能会被揭开[①]，欺诈误导使债权人作出错误交易判断，法院可依据《公司法》相关规定，否定公司独立人格，直接追究股东连带责任。② 资本不足：如果一人公司资本不足，无法承担可预见的债务，可能会被视为虚假公司，从而法院有理由否认公司人格。[②] ③ 财产混同：在财产混同的情形

---

① Robert B. Thompson, "Piercing the Corporate Veil: An Empirical Study", *Cornell Law Review*, Vol.76, No.5, 1991, pp.1036 - 1074.

② Frank H. Easterbrook and Daniel R. Fischel, "Limited Liability and the Corporation", *The University of Chicago Law Review*, Vol.52, No.1, 1985, pp.89 - 117.

下，若股东财产与公司财产未能有效区隔，则可能表明公司仅作为股东的“工具性存在”或者说是“另一自我”。① 这意味着如果公司形式被用于逃避法定或合同义务，法院可基于“法人人格否认”原则，从而否定公司的独立法人人格。

不同司法管辖区对一人公司法人人格否认制度的适用标准存在明显差异。以美国为例，其司法实践主要采用“替代人格”(alter ego)和“工具性”(instrumentality)两大理论作为判断依据。② 在具体案件中，法院会重点审查是否存在财产混同、公司资本不足、未遵守公司程序等情形，以判断股东是否滥用公司独立人格。相比之下，德国等大陆法系国家则更强调“诚信原则”(Treu und Glauben)的适用，通过考察股东行为是否符合商业道德和诚实信用的基本要求，以此作为判定是否否认公司的独立法人人格的重要依据。这种法律标准的差异，本质上反映了不同法域在保护债权人利益与促进商业自由之间寻求平衡的不同价值取向。

2. 对一人公司适用法人人格否认制度的必要性

(1) 一人公司滥用的潜在可能性

一人公司是指由单一自然人持有全部(或绝大多数)股份并对其运营行使控制权的公司。虽然一人公司在法律上与其所有者是独立分离的，但所有者、董事和经理职能重叠，公司与其唯一股东之间的法律界限往往趋于模糊。公司的有限责任结构使唯一股东免于对公司的债务和义务承担个人责任。然而，这种结构也产生了显著的滥用潜在可能性，尤其是在

① Robert C. Clark, *Corporate Law*, *Little*, Brown and Company, 1986, p.8.

② Phillip I. Blumberg, *The Multinational Challenge to Corporation Law: The Search for a New Corporate Personality*, Oxford University Press, 1993, p.77.

欺诈、资产隐匿以及逃避法定义务或合同义务方面。①

股东有限责任制度与股东滥用控制权之间存在内在矛盾，这使一人公司面临显著的滥用风险。首先，因缺乏传统公司治理中的股东间或董事间的制衡机制，一人公司内部监督缺失，财务欺诈风险增加（如篡改报表或非法经营活动）。股东可能会利用公司面纱来逃避责任，使债权人或

① 【案例摘要：萨洛蒙诉萨洛蒙有限公司案（Salomon v Salomon & Co. Ltd. [1897] AC 22)】

关键事实：

1. 阿隆·萨洛蒙（Aron Salomon）是一位成功的皮革和靴子制造商。

2. 他成立了一家有限责任公司“萨洛蒙有限公司”（Salomon & Co. Ltd.），股东包括他本人、妻子、女儿和四个儿子。

3. 公司后来破产并进入清算程序。

4. 清算人起诉阿隆·萨洛蒙，要求他个人承担公司债务。

争议焦点：

1. 萨洛蒙有限公司是否合法成立？

2. 阿隆·萨洛蒙是否应个人承担公司债务？

法院判决：

1. 公司具有独立法律人格：一旦依法注册成立，公司即被视为独立于股东的法律实体，无论其成立动机如何。

2. 公司并非股东的代理人：法院驳回了“公司仅是萨洛蒙个人代理”的主张，认为公司具有独立的法律地位。

3. 无欺诈或误导行为：所有股东（萨洛蒙的家人）均知晓公司成立及业务转让情况，交易合法。

4. 符合公司法规定：公司设立程序合法，未违反法律真实意图。

5. 股东不承担个人责任：萨洛蒙作为股东，仅以其出资额为限承担责任，无须以个人财产偿还公司债务。

案件意义与影响：

1. 确立了“公司法人人格独立”原则，即公司与股东在法律上相互独立。

2. 奠定了现代公司法的基础，成为“公司面纱”（corporate veil）理论的经典判例。

3. 除非存在欺诈等例外情况，否则股东通常不因公司债务承担个人责任。

该案至今仍是公司法领域的基石判例，对全球公司法律制度影响深远。

其他利益相关者无法收回损失。① 此外，一人公司往往难以区分个人资产和公司资产。唯一的股东可能会将个人资金和公司资金混用，利用公司来

① 【案例摘要：美国诉百事福公司案［United States v. Bestfoods, 524 U.S. 51 (1998)］】

关键事实：

本案涉及美国密歇根州科尔多瓦地区一处化学工厂的长期污染问题。该工厂自1957年起由多个所有者经营，期间持续造成环境污染。1965年，CPC国际公司(CPC International Incorporated)通过其全资子公司收购了Ott化学公司(Ott Chemical Company)，并保留了原公司的管理团队，包括创始人Arnold Ott继续担任高管职务。

1972年，CPC将Ott化学公司出售给Story化学公司(Story Chemical Company)，后者随后又将工厂转卖给Aeroject通用公司(Aeroject General Corporation)。Aeroject为此专门成立了全资子公司Cordova化学公司(Cordova Chemical Company，注册于加利福尼亚州)，后者又设立了次级子公司Cordova密歇根公司(Cordova Chemical Company of Michigan)，该子公司一直运营该工厂至1986年。

1981年，美国环境保护署(EPA)介入该场地的污染清理工作。随后，美国政府根据《综合环境反应、赔偿与责任法》(CERCLA)对CPC、Aeroject及其子公司提起诉讼，要求其承担清理费用。诉讼过程中，各被告之间也相互提起索赔。地方法院将案件审理分为三个阶段：责任认定阶段、救济措施阶段和保险覆盖阶段。

在地方法院完成责任认定阶段后，判决CPC和Aeroject作为母公司应当承担“所有者或经营者”责任。地方法院认为，这两家母公司积极参与并控制子公司的运营决策，因此应直接承担经营者责任。

第六巡回上诉法院最初部分推翻地方法院判决，后经全院庭审(en banc)重新审理，再次部分推翻地方法院判决。上诉法院认为，母公司只有在符合“揭开公司面纱”条件时才能被追究责任。由于本案中子公司保持独立法人地位，未出现滥用公司形式或欺诈行为，因此不能追究母公司的直接责任。

争议焦点：

美国最高法院受理此案，旨在解决各巡回法院在《综合环境反应、赔偿与责任法》(CERCLA)框架下，关于母公司责任认定标准存在的分歧。核心争议焦点为：

1. 母公司是否应当为子公司造成的环境污染依据《综合环境反应、赔偿与责任法》(CERCLA)承担责任？

2. 在什么情况下可以追究母公司作为“经营者”的直接责任？ （转下页）

保护个人资产免受债权人的追讨。此类行为破坏了公司形式的完整性，因此需要该制度进行干预，剥夺其法人资格以让个人承担责任。[1]

此外，一人公司的唯一股东可能会以违反公共政策的方式利用该实体来规避个人责任。例如，与税收、劳动法或环境法规相关的义务可能会

（接上页）**法院判决：**

最高法院在判决中详细阐述了 CERCLA 责任认定的法律标准：

1.“经营者”的定义：根据 CERCLA 规定，“经营者”是指实际管理、指挥或执行与污染相关设施运营的主体。这包括对危险废物处理、泄漏防治、环保合规等事项作出决策的主体。

2. 母公司责任的双重路径：（1）衍生责任：通过“揭开公司面纱”追究母公司责任，这需要证明子公司被用作欺诈工具或滥用公司形式。（2）直接责任：母公司直接参与污染设施的运营管理，此时无须考虑“公司面纱”问题。（3）事实认定标准：要认定母公司承担直接责任，必须证明其参与了污染设施的具体运营，而非仅仅通过股权控制子公司。母公司正常的控股监管行为（如审批预算、监督业绩等）不足以构成直接责任。

案件影响与意义：

1. 明确责任界限：为 CERCLA 下的母公司责任认定提供了明确标准，区分了衍生责任与直接责任的不同认定路径。

2. 平衡法律价值：既维护了公司法人独立原则，避免过度扩大母公司责任，又确保环境法规的有效执行，防止母公司通过子公司形式逃避环境责任。

3. 实务指导意义：为法院审理类似案件提供了可操作的判断标准；促使企业集团在环境管理方面建立更规范的治理结构。

4. 后续发展：本案确立的标准被后续诸多环境诉讼案件引用；促使 EPA 在执法过程中更加注重收集母公司参与运营的具体证据。

5. 公司治理层面：提示企业集团应当规范母子公司管理边界，避免母公司过度介入子公司的具体运营，特别是涉及环境风险的业务环节。

6. 合规管理层面：强调企业应当建立完善的环境合规体系，确保各层级公司在环保方面都符合法律规定。

7. 诉讼策略层面：为环境诉讼中的原告方提供了新的诉讼思路，即可以通过证明母公司直接参与运营来追究其责任。

总的来说，美国诉百事福公司案通过精细的法律分析，在维护公司法律制度与保障环境公共利益之间取得了平衡，成为美国环境法领域具有里程碑意义的判例。

[1] Henry Hansmann and Reinier Kraakman, “The Essential Role of Organizational Law”, *Yale Law Journal*, Vol.110, No.3, 2000, pp.387 - 440.

以公司实体为幌子而被规避。“揭开公司面纱”的这一原则确保公司的法律人格不能被用作逃避这些责任的遮羞布。

(2)“揭开公司面纱”的法律依据

法人人格否认制度作为衡平法的重要体现,其核心在于矫正公司形式被滥用时产生的不公正结果。法院在适用该制度时,通常需要结合具体案情进行综合判断,既要维护公司独立人格的基本原则,又要防止这一原则成为逃避责任的工具。

在防范欺诈方面,法院的审查往往采取较为严格的标准。除了考查明显的欺诈行为外,还会关注股东是否存在利用公司独立人格损害债权人利益的潜在意图。实践中,诸如股东与公司之间频繁的资金往来、不合理的关联交易等,都可能成为认定欺诈的重要依据。特别是在公司资本显著不足的情况下,欺诈的认定标准会相应降低。

公平与正义原则的适用则更强调利益衡平。法院不仅关注债权人的损失程度,还会考量股东行为的合理性。当股东通过公司形式获取不当利益,或者故意制造公司无力偿债的假象时,即便没有典型的欺诈行为,法院也可能基于公平原则否认公司人格。这一标准的灵活性使其成为保护弱势债权人的重要手段。

对于政策执行而言,法院越来越重视该制度的社会治理效能。在涉及重大公共利益,如环境污染、食品安全等案件中,法人人格否认的适用标准往往会适当放宽。这种趋势反映了司法机关在维护市场秩序和社会公益方面的积极态度,也体现了法律对实质正义的追求。

因此,一人有限责任公司的特殊性质使适用法律人格否认制度尤为必要。与多股东公司相比,一人公司缺乏多元股权结构或董事会架构所提供的制衡机制。这种监督的缺失要求建立更严格的外部机制以确保公司问责。在一人公司中,个人利益与公司利益高度融合,这种特点增加了滥用公司法人地位的可能性。“揭开公司面纱”原则通过在必要时施加个人责任，对此类行为形成有效威慑。与一人公司进行交易的第三方，如债权人和合同相对方，通常面临更高的违约风险或债务无法偿还的风险。适用法人人格否认制度能够确保在发生滥用行为时，这些利益相关方可以向个人股东寻求救济。

（3）股东有限责任原则与股东滥用控制权的不兼容性

股东有限责任原则是《公司法》的基石之一。该原则保护股东免于对公司债务和义务承担个人责任，从而鼓励投资和创业。然而，当股东滥用其控制权时，这一特权可能与公司治理的公平性产生不兼容性。

有限责任制的核心特征，在于将股东的风险仅限于其对公司的出资额度。该原则通过降低个人财务破产的恐惧来促进经济增长。然而，它也带来了潜在的滥用风险，尤其是在股东拥有高度影响力的闭合性公司（closely held corporations）中。

在一人公司中，股东兼具所有者与管理者的双重角色，这进一步加剧了控制权滥用的风险。例如，股东可能通过关联交易（self-dealing）优先考虑个人财务利益，而忽视公司或债权人的权益。他们还可能操纵公司结构，将债务转移或抽逃公司资产，使债权人缺乏充分的追索权。

此外，股东可能利用子公司或“空壳公司”来保护个人财富，同时使债权人面临过度风险。

总体而言，法人人格否认制度*是维护公司法体系完整性的重要工具，该制度在享受股东有限责任利益的同时，有效应对了有限责任原则与股东滥用控制权之间的不兼容性。在一人公司场景中，由于股东单一性极易导致财产混同和人格混同，因此法院和立法者通过设置特别法律规则（如财产独立举证责任倒置、强制年度财务审计等），在促进经济增长与确保法律责任之间实现平衡。这种做法不仅能保护债权人和其他

---

* 法人人格否认制度适用于所有公司类型，并非一人公司专属。

第三方的合法权益，还能维系公众对公司法人制度的信任。

3. 适用于一人公司的企业否认制度的特殊性

（1）股东与公司财产之间的区分不明确

在一人公司中，股东通常同时担任公司的董事、经理等核心管理职务，这使股东对公司拥有绝对的法律和财务控制权。这种高度集中的控制，极易引发股东与公司财产混同的问题。例如，股东可能会直接用公司账户进行个人消费，或者通过公司承担个人债务。此类行为严重违反《公司法》关于“公司财产独立于股东”的基本原则，导致公司独立法人资格名存实亡。这种财务上的混同使公司与股东之间的界限变得模糊，债权人难以区分债务应由公司还是股东承担，其合法权益面临威胁。通过“揭开公司面纱”，法院能够有效地防止股东利用公司法人独立地位逃避个人债务责任，从而保护债权人的利益。

通过法人人格否认，法院能够迫使股东对公司的债务承担个人责任，防止公司形式成为股东逃避责任的工具。对于债权人而言，公司应享有独立的法人地位，股东的个人财产不应与公司财产混同，而财产混同正是对这一独立性的直接侵蚀，法院有责任通过“揭开公司面纱”来恢复正常的商业秩序。

（2）对有限责任保护的滥用

有限责任制度是《公司法》的一块基石，而一人公司的特殊性常使这一原则容易被滥用。在一人公司中，有限责任有时会被用作一种“盾牌”，以规避个人责任，尤其是在股东通过人为降低注册资本、隐瞒债务、虚构交易等方式将风险和责任转嫁出去的情况下。在经营过程中，股东可能会通过将资产转移至公司并让公司承担其个人债务的方式，使公司成为股东个人事务的延伸，这严重损害了债权人和第三方的利益。在这种情况下，如果“公司面纱”不被揭开，股东就可以自由地利用公司形式来规避责任，同时享受有限责任制度的保护。

在这种情况下，法人人格否认制度是防止有限责任被滥用的有力武器。法院有权通过“揭开公司面纱”来追究股东的个人责任。尤其是当股东通过故意操纵资本结构和隐瞒真相来逃避债务时，法人人格否认制度能够有效地遏制此类不公平行为，保护债权人、社会以及整个市场经济的健康发展。通过这一制度，法院能够遏制股东利用有限责任来逃避自身过错，并防止一人公司沦为规避责任的工具。

（3）资金不足和财务混乱

资金不足与财务混乱是司法实践中判断是否应适用法人人格否认制度的重要标准。在一人公司中，股东可能会故意将公司的资本设定得显著低于经营所需，致使公司无法有效履行其债务；或者股东可能会将个人资金与公司资金混用，致使公司的资产不足以维持其正常运营，或者将个人债务转嫁至公司，从而导致公司债务无法偿还。这种行为实际上是对有限责任制度的一种滥用。如果公司仅仅成为股东个人财产的工具，这种情况就需要通过公司法人人格否认制度来解决。

公司资本不足和财务混乱的情况往往会导致债权人权益的重大损失，因为在这种情况下，债权人无法从公司的资产中获得应有的偿还。法人人格否认制度是通过“揭开公司面纱”来恢复债权人对公司资产的追索权。法院可以通过确认股东的财务和资产债务来追溯公司本应承担的责任至个人股东，从而实现这一目的。这一过程实际上是对债权人权益的一种必要保护措施，也是维护公司法独立性和公正性的手段。①

（4）利用公司形式规避公共政策责任

一人公司的独立法人地位与有限责任原则在促进经济发展的同时，

① Deborah A. DeMott, *Shareholder Derivative Actions: Law and Practice*, West Academic, 2022, p.10.

也可能被不当利用成为规避公共政策责任的工具。这种规避行为不仅损害债权人利益，更会对社会公共利益、市场秩序和法律权威造成威胁。

在税务领域，股东可能通过设立空壳公司、虚构交易等方式实施激进避税，严重侵蚀国家税基。在环境保护方面，一些企业利用公司独立人格承接高污染项目，事后通过注销公司逃避环境治理责任。在劳动关系中同样存在滥用现象，部分企业通过频繁变更法人切断用工责任，严重侵害劳动者权益。消费者保护方面的问题也不容忽视，一些企业利用公司形式销售劣质产品后迅速注销，使消费者维权无门。

法人人格否认制度在此类案件中具有特殊的规制价值。法院在审理时应重点关注公司人格混同、恶意规避法律义务等情形。当发现股东与公司财产、业务严重混同时，可直接否认其独立法人资格。对于以逃避责任为目的设立公司的行为，应认定其构成权利滥用。特别是在涉及重大公共利益时，法院可依法突破有限责任原则，要求股东承担相应责任。

为有效遏制此类行为，需要构建多层次的监管体系。行政监管部门应当建立协同机制，对经营异常的一人公司加强审查。信用惩戒机制也至关重要，应将恶意规避责任的股东纳入失信名单。同时，应当鼓励社会力量参与监督，通过行业自律引导企业合规经营。

《公司法》的核心价值在于平衡企业自由与社会责任。一人公司虽为投资者提供了便利，但绝不能成为其逃避责任的工具。只有通过完善法人人格否认制度、加强行政监管等措施，才能确保公司制度的健康发展，最终实现经济效益与社会效益的统一。

4. 一人公司法人人格否认制度的应用

(1) 法人人格否认制度的理论基础

法人人格否认制度（亦称“揭开公司面纱”）是一项重要的法律原则，

在某些情况下可以否认公司的独立法人地位。英国的“萨洛蒙诉萨洛蒙有限公司案”，确立了公司独立法人地位和股东有限责任原则。然而，对于一人公司而言，因为股东掌控着公司的所有业务活动，可能会出现滥用公司形式的风险。因此，逐步发展出“法人人格否认”规则，在某些情况下，法院可能会“揭开公司面纱”，让股东承担个人责任。①

这一制度的核心在于防止股东利用公司形式逃避法律责任，尤其是在债务未偿还或存在欺诈行为的情况下。尽管《公司法》规定公司是独立法人且享有有限责任，但当这种有限责任被滥用时，法人人格否认制度就会被激活。其理论基础、制度功能以及适用场景包括：

A.《公司法》规定公司是独立法人并享有有限责任，当这种有限责任被滥用时，法人人格否认制度就会被激活；

B. 法人人格否认制度的理论基础还包括：《公司法》规定公司是独立法人并享有有限责任，但这种有限责任被滥用时，法人人格否认制度就会被激活。防范欺诈：防止股东通过公司形式掩盖违法行为或逃避责任；

C. 一人公司的股东掌控着公司的所有业务活动，存在滥用公司形式的风险；

D. 公平与正义：确保债权人或其他利益相关方不会因股东的滥用行为而遭受不公正的损失；

E. 维护公共利益：当公司形式被用于规避公共政策的要求（例如税收、环境法规等）时，有必要“揭开公司面纱”并强制执行相关的法律义务。

有四种具体的理论：

---

① Jonathan M. Landers, “A Unified Approach to Parent, Subsidiary, and Affiliate Questions in Bankruptcy”, *University of Chicago Law Review*, Vol.42, 1975, p.42.

A. 代理理论：如果公司实际上是股东的代理人或工具，那么股东应当对公司的行为直接负责。代理理论源自英美判例法，尤其是在 19 世纪末至 20 世纪初的司法实践中。美国公司法判例中关于法人人格否认制度的演进过程呈现出鲜明的司法智慧。在具有里程碑意义的美国诉密尔沃基冷藏转运公司案（1905 年）①：联邦法院首次系统阐述了“工具理论”（instrumentality doctrine），明确指出当股东将公司作为实施非法活动的“代理人”时，公司的独立人格可以被否认。这一判例确立了行为与主体身份分离时的责任认定标准。二十余年后，伯基诉第三大道铁路公司案（1926 年）②进一步丰富了该理论的内涵。著名大法官本杰明·卡多佐（Benjamin N. Cardozo）在其经典判决书中创造性地提出：“当公司完全沦为股东的代理人（alter ego）时，法律的面纱可以被穿透（pierced）。”这一表述不仅成为后世裁判的标尺性表述，更揭示了公司人格否认的本质在于纠正“法律形式与商业实质的背离”。在理论层面，美国经济学家阿道夫·伯利（Adolf A. Berle）与加德纳·米恩斯（Gardiner C. Means）在其合著的《现代公司与私人产权》（*The Modern Corporation and Private Property*，1932 年）③中，通过实证研究揭示了“所有权与控制权分离”带来的代理问题。他们论证道：当股东对公司形成绝对控制时，可能产生“公司工具化”（instrumentalization）风险，这一分析为“揭开公司面纱”制度提供了重要的经济学理论支撑。该著作被誉为“20 世纪最具影响力的公司法研究”，其观点被后续《公司治理原则》等规范性文件广泛吸收。④

B. 工具性理论：当一家公司完全成为其股东实现非法目的的工具，

---

① United States v. Milwaukee Refrigerator Transit Co., 142 F. 247 (E.D. Wis. 1905).

② Berkey v. Third Avenue Railway Co., 244 N.Y. 84, 155 N.E. 58(1926).

③ [美] 阿道夫·伯利、加德纳·米恩斯：《现代公司与私人财产》，甘培忠译，北京大学出版社 2011 年版。

④ 美国法律研究院：《公司治理原则：分析与建议》，楼建波等译，法律出版社 2006 年版。

并丧失了独立存在的意义时，其法人人格应当被否认。这一理论的核心在于判断公司是否已经沦为股东实现个人利益的“纯粹工具”（mere instrumentality）。美国著名公司法学者菲利普·布伦伯格（Phillip Blumberg）在其权威著作《公司集团法》（*The Law of Corporate Groups*，1983年）中对此进行了系统阐述。布伦伯格教授提出了“工具性支配”（instrumental domination）的判断标准，强调当一家公司在财务、经营和人事等方面完全丧失独立性时，就应当将其视为股东的工具，从而否定其独立法人地位。①

C. 企业实体理论认为，当多个关联公司在实质上构成统一经济实体时，其独立法人人格可能被否认。这一理论的核心在于，如果企业集团通过人为拆分来规避法律责任，法院可将其视为单一责任主体。美国判例法的发展为该理论提供了重要支持，例如沃克夫斯基诉卡尔顿案（*Walkovszky v. Carlton*，1966）就确立了关键裁判规则，纽约州上诉法院认定当关联公司存在“实质统一性”（substantial identity）时，可以否认其独立人格，具体判断标准包括统一经营管理、资产混同、利益输送等。②德国法学家卡斯腾·施密特（Karsten Schmidt）在其著作《公司法总论》中系统提出了企业法理论，强调经济实质优于法律形式，主张关联企业本质上是统一的，就应将其视为一个单一的责任实体。③ 这一理论突破了传统法人独立原则，对大陆法系国家的司法实践产生了深远影响。从法经济学视角来看，美国学者理查德·波斯纳（Richard A. Posner）在《法律的经济分析》（*Economic Analysis of Law*）中从交易成本角度论证了企业主

---

① Phillip I. Blumberg，*The Law of Corporate Groups*，Little & Brown and Company，1983，p.115.

② Walkovszky v. Carlton，18 N.Y.2d 414，223 N.E.2d 6（1966）.

③ Schmidt K.，*Gesellschaftsrecht*，Heymanns Verlag，2002，p.137.

体理论的合理性，认为该理论有助于降低市场交易成本，提高经济效率。① 在中国司法实践中，最高人民法院在(2019)最高法民终 1093 号判决中也参照企业实体理论处理了关联公司人格混同的案件，这一裁判要点被收录于《中国商事审判指导》。②

D. 欺诈或不当行为：当股东利用公司独立人格从事欺诈或非法活动时，法院有权“揭开公司面纱”追究其个人责任。这一理论的发展经历了英美法系的重要判例演进。1897 年英国上议院审理的萨洛蒙诉萨洛蒙公司案虽然确立了公司独立人格原则，但同时隐含了欺诈情形的例外处理规则。随后在 1933 年的吉尔福德汽车公司诉霍恩案③中，英国上诉法院明确创设了“欺诈例外”规则，认定被告通过设立新公司规避竞业禁止义务的行为构成欺诈。美国最高法院在 1944 年安德森诉阿伯特案④中进一步发展了这一理论，确立了“资本不足＋欺诈”的双重判断标准。法院认为，当公司资本显著低于行业标准，并且股东明知可能损害债权人利益但仍持续经营，并实际造成债权人损失时，就应当否认公司独立人格。这一裁判要旨对后续类似案件的审理产生了深远影响。在中国司法实践中，最高人民法院在(2018)最高法民再 366 号判决中明确采纳了“资本不足＋欺诈”的复合判断标准。判决书明确指出：“股东利用公司独立人格逃避债务，严重损害债权人利益时，应当否认公司人格。”这体现了中国法院对欺诈或不当行为理论的吸收与发展。

(2) 拒绝一人公司享有法律人格的标准

在适用一人公司法人人格否认制度时，法院会根据某些标准来判断是否应“揭开公司面纱”。以下是一些常见的适用标准：

---

① Richard A. Posner, *Economic Analysis of Law*, Wolters Kluwer, 2014, p.95.

② 《最高人民法院民事判决书》(2019)最高法民终 1093 号。

③ Gilford Motor Co. v. Horne [1933] Ch. 935 (C.A.).

④ Anderson v. Abbott, 321 U.S. 349 (1944).

资本不足是法院考量的重要因素。具体而言，法院会重点审查公司在设立时的注册资本是否与其经营规模、行业特性相匹配，以及公司在持续经营过程中是否保持合理的资本充足水平。如果一人公司没有足够的资本来履行其预期的债务义务，并且股东未履行其增资义务，特别是在公司面临重大债务风险时仍拒绝补充资本，那么该公司可能会被视为“虚假公司”。这种资本显著不足的状态往往伴随着股东对公司财产与个人财产的混同使用，或者存在明显的抽逃出资行为。在这种情况下，股东可能要对公司的债务承担个人责任，法院将依据《公司法》第二十条第三款的规定，否认公司的独立法人人格，要求股东对公司债务承担连带清偿责任。

欺诈行为同样构成否认公司法人人格的重要依据。法院在认定欺诈行为时，通常会审查股东是否存在主观恶意以及客观上是否实施了损害债权人利益的行为。当股东通过公司实施欺诈行为，比如隐瞒债务或转移资产等，这些行为往往具有明显的规避法律义务的特征，法院可以剥夺公司的法人资格来追究该股东的责任。具体而言，欺诈行为的表现形式多种多样，例如，股东可能会将个人资产转移至公司以逃避债务，制造公司资不抵债的假象；或者以公司名义进行非法交易，将经营风险转嫁给不知情的债权人；甚至通过虚构交易、制作虚假财务账册等方式掩盖公司真实财务状况。这些行为不仅严重破坏了市场交易秩序，也直接损害了债权人的合法权益。一旦公司面纱被揭开，股东就要为其行为负责，需要对公司债务承担无限连带责任。在司法实践中，法院对欺诈行为的认定往往采取实质重于形式的原则，只要能够证明股东存在滥用公司法人独立地位和股东有限责任的行为，并导致债权人利益受损，就可能适用法人人格否认制度。

滥用公司法人独立地位，是法院审查的关键因素。作为具有独立法人资格的实体，一人公司依法享有有限责任保护，这是现代公司制度的核心特征。然而，如果股东恶意滥用这一法律形式来逃避个人责任，或者利用公司独立人格从事不正当竞争、损害债权人利益等行为，就违背了法人制度的设立初衷。具体表现为：股东将公司作为其个人工具，完全按照个人意志操控公司运营；或者通过设立多个关联公司进行利益输送，人为制造债务隔离；抑或以公司名义从事违法经营活动却拒绝承担相应责任。在这些情况下，法院可以运用法人人格否认制度，穿透公司独立人格的“面纱”，直接追究股东的法律责任。在司法实践中，法院会重点审查股东是否存在主观恶意，以及其行为是否造成了债权人实际损失等关键事实，从而作出是否否认公司人格的裁判。

（3）法律依据与司法解释

法人人格否认制度的适用依赖于多种法律依据和司法解释。我国《公司法》对一人公司和法人人格否认制度的规定形成了较为完整的规范体系。例如，虽然新《公司法》仅保留了一人公司的认定标准，但关于一人公司的概念保持延续，我们依旧可以参考 2018 年《公司法》第五十七条对“一人公司”概念的规定，该规定依旧是司法实践中认定一人公司的依据。同时，新《公司法》第二十三条第一款关于“公司股东滥用公司法人独立地位和股东有限责任，逃避债务，严重损害公司债权人利益”的规定，则为法人人格否认制度提供了直接的法律适用基础。

对于一人公司，如果存在滥用公司形式的行为，法院可以根据新《公司法》第二十三条及相关司法解释适用法人人格否认制度，并要求股东对公司的债务承担连带责任。最高人民法院在《关于适用〈中华人民共和国公司法〉若干问题的规定（二）》等司法解释中，主要规范公司解散和清算，而《九民纪要》则通过总结审判经验，对法人人格否认构成要件（包括但不限于财产混同、业务混同、人事混同等）提供了类型化指引。这些规定为法院在个案中准确适用该制度提供了操作性依据。

具体而言，在中国的司法实践中，法院会综合考虑公司与股东之间的实际关系来判断是否应适用法人人格否认制度。① 这种审查通常采取“实质重于形式”的原则,重点关注公司是否具有独立意志和财产独立性。② 例如,在审理一人公司破产案件时,法院可能会通过调查公司资金的来源、股东是否进行了资本注入以及公司是否存在虚假出资等情况来决定是否“揭开公司面纱”。同时,法院还会考察公司决策程序是否规范、财务往来是否清晰等要素,以判断公司是否真正具备独立法人资格。③ 这种全方位的审查有助于确保法人人格否认制度的精准适用,既保护债权人的合法权益,又避免对该制度的滥用。

(4) 国家法律适用方面的差异

不同法域对一人公司法人人格否认制度的适用呈现出明显的差异,这主要源于各国法律传统和司法理念的差异。以美国为例,其判例法体系下发展出了著名的“人格面具原则”(Alter Ego Doctrine)作为裁判标准。美国法院在适用该原则时,通常会重点考察两个核心要素:一是股东是否将公司作为其个人事务的延伸,表现为公司决策完全受股东个人意志支配;二是公司与股东之间的财产是否严格分离。当这两个要素同时满足时,法院即可通过“揭开公司面纱”(Piercing the Corporate Veil)来追究股东的个人责任。④ 值得注意的是,美国各州法院在具体适用标准上存在细微差别,如特拉华州对“揭开公司面纱”持更为谨慎的态度,而加利福尼亚州则相对宽松。

相比之下,以德国为代表的大陆法系国家则采取了不同的规制路径。德国法院主要依据《德国民法典》第 242 条确立的“诚实信用原则”进行裁

---

① 朱慈蕴:《公司法人格否认制度理论与实践》,人民法院出版社 2009 年版,第 156—158 页。

② 同上注。

③ 同上注。

④ Melvin A. Eisenberg, “The Conception That the Corporation Is a Nexus of Contracts, and the Dual Nature of the Firm”, *Journal of Corporation Law*, Vol.24, 1999, p.21.

判。在这一原则指导下，法院着重审查股东是否存在滥用公司形式的主观恶意，具体表现为：利用公司进行欺诈活动、违反公共秩序或善良风俗，或者实施明显损害债权人利益的行为。德国法院在适用该原则时特别强调比例原则，即否认公司人格必须与违法行为的严重程度相匹配。此外，德国《有限责任公司法》第 24 条、第 30 条、第 33 条等明确规定了资本维持原则，这些规定为法院在一人公司案件中适用法人人格否认制度提供了补充性的成文法依据。

这些差异化的法律框架反映出各国在平衡公司独立人格保护与债权人利益维护方面的不同价值取向。美国法更注重对事实关系的实质判断，而德国法更强调法律原则的规范适用。这种差异也导致两国在司法实践中对证据要求、举证责任分配等方面的不同处理方式。随着全球经济一体化的发展，这些不同的规制模式正在相互影响和借鉴，呈现出一定程度的趋同化趋势。

（5）法人人格否认制度的实践考量

法人人格否认制度作为矫正股东滥用有限责任的重要法律手段，在司法实践中呈现出明显的“双刃剑”特性。该制度一方面为防止股东利用公司独立人格逃避债务提供了必要救济途径，另一方面若适用尺度失当，可能冲击公司独立人格与股东有限责任这两大制度基石。具体而言，过度运用法人人格否认制度可能引发一系列连锁负面效应：首先，它会侵蚀股东有限责任制度这一《公司法》的基石性原则，使投资者面临不可预见的法律风险；其次，可能抑制市场主体的投资积极性，特别是对中小企业和创业投资造成“寒蝉效应”；再者，频繁否认公司人格还会导致司法裁判标准的不确定性，影响商业活动的可预期性。[①]

---

① 李建伟：《公司法人格否认司法适用实证研究》，《法学研究》2019 年第 5 期，第 78 页。

然而，若对该制度的适用持过于保守的态度，同样会产生严重的制度风险。过度保守的司法态度可能导致公司独立人格沦为股东实施不法行为的“保护伞”①，助长诸如财产混同、恶意逃债等滥用公司形式的行为。这不仅会直接损害特定债权人的合法权益，更会破坏市场信用体系，降低资源配置效率，最终危及整个市场经济的健康运行。

因此，法院在适用法人人格否认制度时，必须秉持审慎平衡的司法理念。具体而言，应当着重考察以下三个维度的要素：在公司运营层面，需审查公司是否保持独立的财务体系和规范的治理结构；在股东行为层面，需判断其是否存在滥用控制地位的主观恶意和客观行为；在债权人利益层面，需评估损害结果的严重程度与因果关系。通过这种多维度的综合考量，既能有效遏制公司形式的滥用，又能避免对正常商业活动的过度干预，最终实现债权人保护与公司制度稳定之间的动态平衡。这种精细化的司法裁量，正是现代商事审判专业化、精准化发展趋势的生动体现。

第四节　中国法人人格否认制度的相关规定适用于一人公司

1.《公司法》从法律条款层面规定了法人人格否认制度的相关规则

作为中国公司治理和股东责任的基本法，新《公司法》不仅保障了公司的独立性，还明确了股东的有限责任。然而，这种有限责任并非绝对

① 甘培忠、徐可：《认缴制下的资本违法责任及其困境——以财产混同为视角》，《北京大学学报(哲学社会科学版)》2015 年第 6 期第 52 卷，第 117—124 页。

的，尤其是在公司股东滥用公司法人资格并实施不当行为时，法律允许“法人人格否认制度”打破这种有限责任，并追究股东的个人责任。

（1）新《公司法》关于法人独立性的基本规定

新《公司法》第二条和第三条规定，公司是指在中国境内设立的有限责任公司或股份有限公司。公司是依法独立享有民事权利和承担民事义务的法人，具有独立的法人资格。这意味着作为法人实体的公司应当拥有独立的财产、独立的权利和义务，而股东仅需以其出资额为限对公司债务承担责任。一般来说，股东的个人资产不会被用于清偿公司的债务。

然而，新《公司法》明确规定了有限责任，并不意味着股东可以不受限制地逃避责任，尤其是在公司设立和运营过程中，如果股东滥用公司的法人地位，法律赋予法院有权适用法人否认制度。这是为了防止公司股东操纵公司行为以逃避个人责任，特别是在股东与公司财产混同、虚假出资或恶意欺诈的情况下。①

（2）新《公司法》中否认公司法人资格的法律依据

新《公司法》虽未直接使用“法人人格否认”的表述，但实际上通过一系列规定为“公司法人人格否认”的法律实践提供了依据。

股东未履行出资义务：新《公司法》第四十九条规定，股东应当按期足额缴纳公司章程规定的各自所认缴的出资额。股东未按期足额缴纳出资的，除应当向公司足额缴纳外，还应当对给公司造成的损失承担赔偿责任。这意味着如果股东未按照协议或法律规定履行出资义务，导致公司资产不足以承担债务，法院可能会否认公司的法人资格，并追究股东的责任。特别是在一人公司中，股东未履行投资义务可能导致虚假出资，从而

---

① 赵旭东：《公司法人格否认规则适用情况分析》，《法律适用》2011 年第 10 期，第 45 页。

适用法人人格否认的规定。

股东滥用公司法人资格：根据新《公司法》第二十三条的规定，公司股东滥用公司法人独立地位和股东有限责任，逃避债务，严重损害公司债权人利益的，应当对公司债务承担连带责任；只有一个股东的公司，股东不能证明公司财产独立于股东自己的财产的，应当对公司债务承担连带责任。这表明公司股东（特别是一人公司的股东）应当遵循诚实信用原则，不得滥用公司法人资格损害公司债权人的利益或第三方的利益。如果股东通过公司从事非法活动、逃避债务或利用公司作为个人财产的载体，法院可以揭开公司面纱，要求股东承担个人责任。

财产混同：新《公司法》第二十二条规定，公司的控股股东、实际控制人、董事、监事、高级管理人员不得利用关联关系损害公司利益；如违反前款规定，给公司造成损失的，应当承担赔偿责任。这意味着，我国法律对公司的独立财产权有明确要求，公司财产应当与股东的个人财产分开管理。因此，如果股东在实际经营过程中将公司财产与个人财产混同，形成"公司是股东个人财产的延伸"的情形，法院在审理案件时可能会考虑否认公司的法人资格。① 特别是在一人公司中，股东个人行为与公司行为高度重合，法院更容易判断是否存在财产混同的情况。

违反公司设立及运营的法定程序：根据新《公司法》第二十九条规定，设立公司，应当依法向公司登记机关申请设立登记。这说明公司的设立必须依照法定程序进行，并依法进行登记。相反，如果公司在设立过程中存在虚假陈述或其他违法行为，法院也可以依据新《公司法》否认该公司的法人资格。

（3）一人公司的法人人格被否认

在一人公司中，由于只有一个股东，其行为与公司行为之间的界限很

① 刘俊海：《现代公司法》（第3版），法律出版社2016年版，第512—535页。

容易变得模糊，因此法律特别关注防止股东滥用公司法人资格。①《公司法》也设置了许多关于否认一人公司法人独立人格的规定。

例如，第四十九条就标明如果一人公司的股东未依照规定履行出资义务，或者通过非法手段将公司财产与个人财产混同，从而使公司沦为逃避责任的工具，法院可以剥夺一人公司的法人资格，并依据新《公司法》的相关规定要求该股东对公司债务承担责任。

再例如，第二十三条规定，如果一人公司的股东将公司财产与个人财产混淆，或者未按照规定做好财务记录和独立账户管理，法院可以决定是否适用法人人格否认制度。

（4）新《公司法》未明确规定的滥用法人资格行为

我国新《公司法》虽然未以列举方式明确规定所有可能适用法人人格否认的情形，但通过法律原则的体系解释可以推知，凡是以公司名义实施但实质上违背法人制度设立初衷、逃避法定或约定义务的行为，均可能触发法人人格否认制度的适用。具体而言，当公司股东滥用法人独立地位实施不当行为时，司法机关有权通过个案审查来认定其是否逾越法律底线。

在司法实践中，以下几种典型情形常被视为否认法人资格的重要依据：首先，股东抽逃出资行为，如在公司设立后通过虚假债权债务关系、不合理分红或关联交易等方式抽回注册资本，导致公司资本显著不足；其次，实施虚假交易行为，包括虚构合同关系、制作不实财务凭证等，以此掩盖资产转移或逃避债务的真实目的；再次，利用公司法人外壳从事违法经营活动，如洗钱、非法集资等刑事违法行为。这些行为本质上都是对公司独立人格制度的滥用。

① 最高人民法院根据《最高人民法院关于适用〈中华人民共和国公司法〉若干问题的规定（三）》（2020 年）第十五条对受害人进行赔偿，强调对滥用关联交易的控制，并解决一人公司中“揭开公司面纱”审查的挑战。

法院在审理此类案件时，通常会采取“实质重于形式”的审查标准。一方面，重点考察股东行为的主观意图，判断是否存在逃避债务或规避法律的恶意；另一方面，客观评估行为造成的损害后果，包括债权人利益受损程度、市场秩序破坏情况等。通过这种主客观相结合的审查方法，司法机关得以准确识别个案中法人资格滥用的边界，并作出是否“揭开公司面纱”的裁判。因此，最高人民法院通过指导性案例和司法解释，逐步统一了“资本显著不足＋主观恶意＋损害后果”的三要件判断标准，为下级法院审理此类案件提供了明确指引。

2. 最高人民法院司法解释将有关法人人格否认制度的相关规定适用于一人公司

随着中国市场经济的快速发展，一人公司作为一种特殊的公司形式，逐渐成为众多企业创始人的选择。尽管一人公司的公司治理结构相对简单，但因股东与公司之间的财产关系更为紧密，股东容易滥用公司法人地位逃避债务等不当行为。因此，针对这一问题，最高人民法院发布了相关司法解释，明确将法人人格否认制度适用于一人公司，进一步规范了公司股东的行为，并保护了公司债权人的合法权益。

最高人民法院通过司法解释和审判指导文件进一步明确了“法人人格否认”制度的适用范围。特别是当涉及一人公司时，股东可能会滥用公司法人资格来逃避责任，通过制造公司独立性的假象来掩盖其行为，这严重侵犯了债权人的利益，并扰乱了市场秩序。因此，通过解释性工具，最高人民法院进一步明确了如何在一人公司中适用法人人格否认制度，以确保公司治理的公平性以及债权人利益的充分保护。①

---

① 朱慈蕴：《公司法人人格否认制度：实践探索与规则完善》，《中国法学》2021 年第 3 期，第 78—95 页。

最高人民法院司法解释的核心内容：

在新《公司法》第二十三条及《九民纪要》等司法解释和审判指导文件中，最高人民法院明确指出，如果股东滥用一人公司法人地位逃避债务，法院可以适用“法人人格否认”制度来追究该股东的个人责任。具体内容主要涉及以下几个方面：

首先，关于股东滥用公司独立性的认定标准。司法解释明确指出，当一人公司股东虚构公司独立性、故意混淆公司资产与个人资产，或者利用法人独立地位从事欺诈性交易等违法行为时，法院应当适用“法人人格否认”制度。这种制度适用的典型情形包括：股东将公司资金随意转入个人账户、以公司名义为个人债务提供担保，或者通过关联交易转移公司资产等。一旦查实存在上述行为，法院可依法追究股东个人责任，要求其对公司债务承担连带清偿义务。

其次，关于债务人破产情形下的责任追究机制。司法解释强调，在公司资不抵债进入破产程序时，法院应当重点审查股东是否存在滥用公司独立地位的行为。特别是当股东将公司视为个人财产的延伸，通过不当决策（如抽逃出资、违规担保等）直接导致公司债务无法清偿时，法院可运用“揭开公司面纱”原则，穿透公司独立人格，判令股东以其个人财产对公司债务承担责任。这一规定体现了司法实践对债权人利益保护的重视。

第三，关于公司资本充足性与规范运营的审查标准。司法解释特别强调，公司的注册资本实缴情况以及规范运营程度是判断是否适用法人人格否认制度的重要依据。如果公司存在实缴资本明显不足、出资程序存在重大瑕疵，或者未建立规范的财务会计制度等情形，法院可以认定该公司缺乏独立法人资格的基本要件，进而追究股东责任。这一规定旨在遏制“空壳公司”现象，维护市场交易安全。

最后，关于一人公司股东责任的特殊规定。鉴于一人公司股东与公司财产界限容易模糊，司法解释要求法院在审理此类案件时应当特别关

注：股东是否将公司财产视为己有随意处置，是否建立规范的财务管理制度，是否存在个人消费与公司支出混同等情形。如果股东的行为严重违反法律规定和诚信原则、商业道德，法院可依法判决股东对公司债务承担连带责任。这一规定体现了对一人公司治理结构的特殊规制，有助于防范股东滥用有限责任制度。

3. 公司法人人格否认适用的具体情形

一人公司中，如何认定股东滥用法人资格是适用法人人格否认制度的关键。在司法实践中，一人公司股东滥用法人独立地位的认定需要综合考量多重因素。根据最高人民法院相关司法解释及审判实践，主要可从以下三个层面进行判断：

首先，财产混同是最核心的认定标准。具体表现为：股东与公司共用银行账户，资金往来频繁且无合理商业理由；公司财产被股东无偿占用或低价处置；未建立独立规范的财务会计制度，财务账册未区分股东个人支出与公司经营成本。这种财产混同状态使公司丧失独立的财产基础，公司实质上沦为股东的工具。

其次，需考察股东行为与公司债务的关联性。重点包括：股东未遵循法定决策程序，擅自实施损害公司利益的行为，如擅自处置重大资产；是否通过关联交易损害公司利益；在公司濒临破产时是否存在突击处置资产、恶意逃债等行为。这些行为直接导致公司偿债能力受损，应当认定其构成滥用股东权利。

最后，滥用权利的主观过错也是重要的考量因素。若股东设立公司的目的即为逃避债务，或存在虚假出资、抽逃出资等明显规避法律义务的行为，即可认定其主观上具有滥用权利的故意。法院在裁判时，应当结合具体案情，综合评估上述因素，既要保护债权人的合法权益，也要维护公司制度的稳定性。

因此，在实务中法庭针对这种不当行为持明确态度。在法庭审理过程中，如果发现一人公司的股东通过不正当手段经营公司，其明显目的在于逃避公司债务或进行非法交易，那么法院就可以适用法人人格否认制度，认定公司的行为不符合诚信原则，并要求股东承担相应的责任。

4. 一人公司的特殊性：法人人格否认制度的应用

在一人公司中，因股东与公司之间存在天然的紧密联系，法人人格否认制度的适用具有更为突出的现实意义和必要性。根据新《公司法》第二十三条等相关司法解释，针对一人公司的特殊治理结构，构建了更为明确的法人人格否认适用标准体系，重点解决了司法实践中的以下关键问题：

首先，关于一人公司股东滥用法人资格逃避责任的问题。一人公司因其单一股东的特性，股东往往将公司视为其个人资产的延伸，通过虚构交易、财产混同等手段逃避法律责任。最高人民法院的司法解释明确要求，法院在处理此类案件时，应当建立严格的审查机制，重点调查股东是否存在以下恶意逃避责任的行为：① 公司财产与股东个人财产存在混同；② 虚构债权债务关系；③ 通过关联交易转移资产；④ 在公司濒临破产时突击处置财产。对于查证属实的，应当果断适用法人人格否认制度，确保债权人的合法权益得到有效保护。

其次，关于一人公司股东责任的特殊认定标准。与传统公司不同，法院在审理一人公司案件时，不仅需要评估公司的注册资本、实缴资本等基本情况，更需要全面审查股东的商业行为，包括：① 是否建立独立的财务制度；② 是否规范履行决策程序；③ 是否存在抽逃出资行为；④ 是否依法进行利润分配。司法解释特别强调，当股东行为严重损害公司财产独立性，导致公司丧失偿债能力时，法院应当突破有限责任原则，判令股东对公司债务承担连带责任。这种责任认定标准的确立，有效地遏制了股东滥用公司独立人格的行为。

第三，关于强化股东法律责任意识的问题。最高人民法院通过司法解释进一步明确，一人公司股东应当承担更为严格的法律责任。具体表现在：① 举证责任倒置，一人公司的股东需举证证明公司财产独立于其个人财产；② 提高行为标准，对股东滥用控制权损害公司利益的商业决策进行实质审查；③ 加重违规成本，对未依法履行出资义务、损害债权人利益等行为从严惩处。这些规定不仅完善了法人人格否认制度的适用规则，更通过司法裁判引导股东规范经营行为，促进市场秩序健康发展。

最后，需要特别指出的是，司法解释在强化股东责任的同时，注重平衡保护商业自由。法院在适用法人人格否认制度时，应当严格把握以下界限：① 区分正常商业风险与恶意逃避债务；② 考量行为的主观恶意程度；③ 评估损害后果的严重性；④ 遵循比例原则。这种审慎的司法态度，既维护了债权人利益，又保障了市场主体的经营自主权，体现了现代《公司法》保护交易安全与促进经济发展的双重价值取向。

第五节　境外独资公司应适用有关法人人格否认制度的相关规定

1. 美国

在美国，法人人格否认（通常被称为“揭开公司面纱”）的制度并非依赖于单一的国家法律，而是由各州的法律以及法院判例来规范和适用的。美国的公司法在各州之间存在显著差异，各州可以根据自身情况制定不同的规定和标准来处理法人人格否认的问题。由于一人公司缺乏股东间的制衡，法院在审理时会推定股东存在滥用公司人格的可能性，因此要求股东承担更高的举证责任。

（1）“揭开公司面纱”

“揭开公司面纱”制度是美国公司法体系中一项重要的衡平救济制度，其核心在于当公司独立人格被不当利用时，允许法院突破有限责任原则，直接追究股东个人责任。这一制度的适用主要基于财产混同、资本不足、欺诈行为等因素：

首先，股东存在滥用公司人格的行为，法院会重点审查股东是否存在将公司作为逃避个人责任工具的主观故意。具体表现为：股东故意混淆公司与个人财务界限，如将公司资金用于个人消费；通过关联交易不当转移公司资产；或者设立“空壳公司”承接高风险业务等。美国法院在审理此类案件时，通常采用“实质重于形式”的审查标准，重点关注经济实质而非法律形式。①

其次，对于公司资本状况而言，法院会从动态和静态两个维度进行评估。静态维度考察公司设立时的注册资本是否与经营规模相匹配；动态维度则关注公司在持续经营过程中是否保持合理的资本充足水平。当公司资本显著不足且股东拒绝补充出资时，法院往往会认定股东未尽到诚信义务，特别是在资本密集型行业，法院对资本充足性的要求更为严格。②

最后，针对非法或欺诈行为，法院的审查标准更为严格。只要证明股东利用公司实施欺诈、从事非法活动或故意侵害他人权益，法院通常会直接适用“揭开公司面纱”制度。在此类案件中，法院不仅关注行为本身的

---

① William A. Klein, J. Mark Ramseyer and Stephen Bainbridge, *Business Associations: Cases and Materials on Agency, Partnerships, LLCs, and Corporations*, New York: Foundation Press, 12th ed., 2022, p.178.

② Ibid., p.190.

违法性，更注重审查该行为造成的损害后果之间的直接因果关系。美国各州法院普遍认为，当股东的欺诈行为是导致债权人损失的直接原因时，股东应当对公司债务承担连带责任。①②

值得注意的是，上述审查因素（如财产混同、资本不足、欺诈行为等）并非相互排斥，法院在司法实践中往往会综合评估股东是否滥用公司人格、公司是否丧失独立性、损害后果是否因滥用行为导致等。正如特拉华州法院在典型案例中所强调的，“揭开公司面纱”需要结合具体案情进行整体判断，任何单一因素通常不足以单独支持人格否认，需证明股东行为已实质性破坏公司独立人格的基础。这种灵活的司法裁量权，既维护了公司制度的稳定性，又为规制滥用行为提供了有效保障。

（2）法院适用标准及考量因素

在适用“揭开公司面纱”这一原则时，美国法院通过长期的判例法实践，已形成了一套相对完善的审查标准体系。美国法院通常会根据具体案情，综合考量以下维度：

首先，在财产混同方面，法院会严格审查公司与股东之间的财产界限是否清晰。这包括审查公司资金是否被股东随意挪用、公司财务记录是否独立完整、重要资产权属是否明确等。此类行为包括用公司资金进行个人消费或将公司账户与个人账户混同。③

其次，在资本充足性审查上，法院会评估公司资本状况是否符合行业标准。这包括初始注册资本是否与经营规模相匹配、持续经营中是否保持合理资本水平、负债比例是否过高等。特别是在高风险行业，法院对资本充足性的要求更为严格。

---

① Green v. Champion Ins. Co., 577 So. 2d 249 (La. 1991).

② Townsend v. State, 681 N.E.2d 720 (Ind. 1997).

③ Alan R. Palmiter, *Corporations: Examples and Explanations*, Aspen Publishing, 10th ed., 2021, p.56.

最后，关于控制程度，法院会分析股东对公司经营的实际影响力。重点考察公司决策程序是否规范、股东控制权行使是否合理、公司是否保持独立经营意志等。当股东完全操控公司且无视公司独立地位时，法院通常会认定存在过度控制。法院会重点考察公司架构是否被不当利用。这涉及判断股东是否通过设立多层公司来逃避债务，是否利用公司名义进行欺诈交易，是否存在损害债权人利益的资产转移行为等。司法实践表明，当公司完全沦为股东实施不法行为的工具时，法院往往会否定其独立人格。①

需要强调的是，这些因素并非孤立存在，法院会进行整体性评估。正如判例法所确立的标准，任何单一因素都不具有决定性，法官需要权衡各方面证据后作出综合判断。这种审查方法既维护了公司独立人格的基本原则，又为规制滥用行为提供了必要的司法救济途径。

(3) 典型案例分析

以下这个经典案例展示了美国法院如何运用"揭开面纱"原则来否定一人公司的法人人格：

A. 关于哈德逊七颗星有限责任公司案的再审(2022 年)

基本案情是，被告股东通过其全资拥有的纽约州一人有限责任公司(七颗星公司)购买了该房产，但并未区分公司账户和个人账户，频繁使用公司资金进行个人消费(如奢侈品、差旅费用)，并且未保留公司账簿。债权人声称该股东滥用其公司形式逃避债务。

法院的最终判决是，股东需对公司债务承担个人责任。法院判决的主要依据是纽约南区破产法院认定公司为股东的"替代自我"。其原因包括：① 财产混同：股东直接用其个人信用卡支付公司的费用，公司的收

① American Law Institute (ALI), "Principles of Corporate Governance: Analysis and Recommendations", Westlaw, June 2014, https://lawcat.berkeley.edu/record/1150654.

入转入其个人账户;② 缺乏独立性:该公司没有独立的员工或董事会决议;③ 资金不足:该公司的初始资本仅为 10 000 美元,资本与房产交易金额及债务规模严重不匹配,远远低于房地产交易的风险。

这一案例进一步凸显了“财产混同”在揭开面纱这一过程中的核心作用,尤其是对一人公司财务独立性的审查方面的作用。

B. 格林威治保险公司诉美迪克斯药房有限责任公司案(2021 年)

这是另一起具有重要意义的案件。在该案中,一家位于特拉华州的有限责任公司(美迪克斯药房)因销售非法药品而被起诉,但在诉讼期间,其股东将公司的资产转移到了个人名下,并解散了公司以试图逃避责任。保险公司(格林威治保险公司)主张“揭开公司面纱”。

法院认定股东需承担个人责任,并且特拉华州最高法院认为,股东的行为构成了“欺诈性转移”,原因包括公司设立时资本不足,仅为 5 000 美元,远远低于药品销售业务可能带来的潜在风险;目的不当,股东在公司面临诉讼时转移资产,显然是为了逃避债务;滥用控制权,股东作为唯一的决策者,直接操纵公司资产的流动。该案件体现了法院对“资本不足”和“欺诈意图”的关联审查,尤其对公司解散后的股东责任追溯问题。

(4) 美国“揭开公司面纱”制度的特点

美国的“揭开公司面纱”制度具有以下显著特征:

首先,该制度以判例法导向为核心。与大陆法系通过成文的公司法明确规定法人人格否认的情形不同,美国公司法主要依赖司法判例来确立和发展相关规则。法院通过具体案件的裁决逐步形成适用标准,使“揭开公司面纱”原则具有高度的灵活性和适应性。这种判例法传统意味着,法人人格否认的适用并非僵化地依据法律条文,而是结合个案的具体事实,综合考虑公平正义、债权人保护以及公司治理的实际需求。因此,不同案件的裁判标准可能有所差异,但总体上形成了较为成熟的司法实践体系。

其次，美国法院在适用法人人格否认时高度关注股东的行为和目的。法官通常会审查股东是否存在滥用公司独立人格或实施不正当行为，例如利用公司从事欺诈、逃避合同义务或规避法律监管等。如果股东将公司视为其个人工具，或者通过操纵公司资产、混同财务等方式损害债权人利益，法院更倾向于否定公司的独立法人地位，要求股东承担连带责任。① 这种审查不仅关注股东的主观意图，也注重其行为的客观后果，以确保公司形式不被用于不正当目的。

最后，美国法院在法人人格否认案件中享有广泛的司法裁量权。由于各州的公司法及判例传统存在差异，因此不同法院在裁判时可能采取不同的标准，甚至同一州内的不同法官也可能基于个案情况作出灵活裁决。这种裁量权使法院能够根据社会公平、经济政策或公共利益的需要，动态调整法人人格否认的适用边界。尽管裁判结果可能因司法管辖或具体案情而有所不同，但该制度总体上有效平衡了公司独立人格的保护与债权人权益的救济，成为遏制公司形式滥用的重要法律工具。

2. 德国和日本

在德国和日本，法人人格否认制度也适用于一人公司及其他法人实体。这些国家的法律体系通过"揭开公司面纱"这一原则确保公司法人地位不会被滥用以规避个人责任，尤其是在公司被用于规避法律义务或从事不当行为的情况下。尽管两国在适用这一制度时侧重点和司法背景有所不同，但它们都在一定程度上保护了债权人的利益，并防止了股东（尤其是独资股东）滥用有限责任的特权。

---

① Melvin A. Eisenberg, "The Conception that the Corporation is a Nexus of Contracts, and the Dual Nature of the Firm", *Journal of Corporation Law*, Vol.24, 1999, p.90.

（1）德国

德国的公司法体系［特别是德国《商法典》（HGB）和德国《股份公司法》（AktG）］对人与股东之间的关系有着严格的规定。德国法律体系中所谓的法人人格否认原则，即“揭开公司面纱”（Durchgriff auf das Gesellschaftsvermogen），用于防止股东滥用公司形式逃避法律责任。①

关键案例及应用：

A. 联邦最高法院（BGH）案例 2021 年：资本不足与资产掠夺（II ZR 302/20）②

案例：一家母公司通过其子公司从事高风险房地产项目。该子公司资本严重不足（仅有 50 000 欧元），而母公司通过贷款的形式向子公司提供资金，并收取高额利息，但资金实际流向母公司自身。项目失败后，母公司优先偿还子公司剩余资产的担保协议项下的债务，其他债权人无法获得补偿。

资本不足：子公司初始资本与经营风险之间的严重不匹配构成“结构性资本不足”（strukturelle Unterkapitalisierung）。资产掠夺：母公司通过贷款利息和担保安排系统性地转移子公司资产构成“破坏性干预”（existenzvernichtender Eingriff）。责任渗透：母公司对子公司的债务承担连带责任。其主要意义在于明确指出，资本不足的情况应当与对业务风险的综合判断相结合，而关联方的优惠补偿行为可能会被认定为资产掠夺行为。

B. 联邦最高法院（BGH）案例 2019 年：个人混同与欺诈性转移（IX ZR 123/18）③

---

① BGH，Urteil vom 29. Juni 2021 - II ZR 302/20，Neue Juristische Wochenschrift (NJW) 2021，2894.

② Raiser/Veil，Recht der Kapitalgesellschaften，7. Aufl. 2020，§ 5.

③ Entscheidungen des Bundesgerichtshofs in Zivilsachen (BGHZ)，Vol.223，p.15.

案例：家族企业主作为一人公司股东，将个人房产登记为公司资产并且无偿使用，并在公司濒临破产之际以极低价格将核心资产转移至新成立的关联公司，导致原公司丧失偿债能力。

人格混同：股东财产与公司财产之间没有明确界限，这违反了分离原则（Trennungsprinzip）。[①] 欺诈性转移：资产转移缺乏合理对价构成《德国破产法》第一百三十三条规定的对债权人的恶意损害行为。连带责任：股东的个人财产应纳入债务偿还范围。主要意义在于加强对中小公司财产混同的审查标准，并且被告证明了关联交易的合理性。

（2）日本

日本的公司法体系对于法人人格否认也有明确的规定，尤其是在处理一人公司的情况时。日本的公司法确立了股东有限责任的基本原则，同时设有防止滥用公司形式以逃避责任的机制。在日本，法人人格否认通常适用于防止公司股东通过公司形式滥用有限责任。

关键案例及应用：

A. 个人与公司财产混淆（福冈地方法院判决，2021 年）

案例：一家餐饮行业的代表董事（股东）使用公司账户资金进行个人奢侈消费，债权人声称个人财产与公司财产混同。

法院认定该公司没有独立账目，资金流动无法区分公共用途和私人用途。代表董事以公司名义借款后，将资金转入股东个人账户。判决结果：否认公司的独立法人资格，追究董事的个人责任。要点：财产混同（实质重于形式原则）是核心标准。

B. 母公司过度控制导致子公司破产（东京地方法院案例，2019 年）

案例：一家建筑子公司破产，债权人起诉母公司要求承担连带责任。

① Stephan Göthel, *Durchgriffshaftung im Gesellschaftsrecht*, Mohr Siebeck, 2019, p.46.

母公司长期以来一直将子公司当作“转包工具”，挪用资金并迫使子公司承接高风险项目。

法院认定，母公司对子公司拥有“完全控制权”，包括财务、人事和业务决策方面的控制权。该子公司的资本严重不足，而母公司的行为直接导致其破产。判决结果：否认该子公司的独立人格，母公司承担连带责任。

适用条件：股东控制权。如果股东通过一人公司完全掌控公司事务，并且该公司实际上没有独立的管理架构，法院可以认定股东滥用公司形式，从而“揭开公司的面纱”。

资本不足或财产混同：如果一人公司严重资本不足，或者股东将个人资金与公司资金混同使用，法院可能会认为该公司只是股东的“幌子”，并要求股东对公司债务承担责任。①

责任逃避：如果股东通过公司形式逃避法律或合同义务，尤其是在诸如税收或社会保障等公共利益领域，法院有权“揭开公司面纱”。

在日本，法人人格否认制度侧重于防止股东滥用公司形式，特别是在股东控制公司、资本不足或财产混同的情况下。通过“揭开公司面纱”，法院可以要求股东个人承担责任，并确保他们不能利用公司形式逃避责任。

3. 英国

在英国，尽管公司享有独立的法律地位，股东对公司债务通常承担有限责任，但英国法院在某些情况下会运用“揭开公司面纱”原则，允许股东或董事承担个人责任。这一原则在防止一人公司滥用其法律地位、逃避法律义务或实施不当行为方面发挥了重要作用。

---

① Kenji Eto, *Corporate Law no Basic Cases*, Ariekaku, 2021, p.22.

（1）法人地位与有限责任

根据英国公司法，公司作为法人享有独立的法律地位。股东对公司债务的责任通常是有限的，个人财产不受公司债务的影响。然而，英国法院在判决过程中运用了“揭开公司面纱”原则，在某些情况下可以取消公司与股东之间的独立法人地位，从而让股东承担个人责任。这种情况通常发生在公司被用于逃避法律责任或从事不当行为时。

（2）法人人格否认制度的适用条件

在英国，对于法人人格否认这一问题并没有统一的法律规定，而是由法院根据个案事实来判断是否适用“揭开公司面纱”原则。法院通常会在以下几种情况下揭开公司面纱：

A. 滥用公司独立地位

当股东或董事利用公司来规避法定责任或合同义务时，如通过成立新公司转移资产以逃避原公司债务，法院有权认定该公司为“空壳”，并“揭开公司面纱”，让股东或董事承担责任。

B. 欺诈行为

如果公司的行为涉及欺诈或虚假陈述，并且很明显某位股东或董事通过公司实施了欺诈行为，那么法院可以“揭开公司的面纱”，让该股东或董事承担个人责任。①

C. 公司服务于股东的个人利益

在某些情况下，股东或董事利用公司作为谋取个人利益的工具，忽视了公司与个体股东之间的独立性。且公司行为完全服务于股东个人利益而非公司正当经营目的时，那么法院可以“揭开公司的面纱”，并让股东承担个人责任。

---

① Paul L. Davies, Sarah Worthington and Christopher Hare, *Gower: Principles of Modern Company Law*, Sweet & Maxwell, July 2016, p.156.

(3) 典型案例分析

A. 普雷斯诉彼得德尔资源有限公司案(2013 年)

案例:在离婚财产分割案件中,丈夫会通过离岸公司隐匿资产,并拒绝履行对前妻的经济义务。

法院裁决:英国最高法院首次明确适用“欺诈性规避义务原则”,认定丈夫利用公司架构故意规避婚姻财产的责任,依法“揭开公司的面纱”,将公司财产作为其个人财产进行分割。该案件确立了英国法人人格否认的核心标准,即当公司架构被用于“故意规避现有法律义务”时,法院可以突破公司独立性的原则,追究股东个人责任。

这是近年来法院明确适用“揭开公司面纱”原则的一个重要案例,认定股东不能通过公司形式逃避个人责任。尤其是在离婚案件中,法院指出,即便公司名下存在资产,但如果这些资产实际上属于个别股东所有,法院也可裁定“揭开公司面纱”,将这些资产归还给个别股东。

B. 阿克苏诺贝尔诉竞争委员会案(2013 年)

案例:本案涉及全球化工巨头阿克苏诺贝尔(AkzoNobel)及其子公司参与市场价格操纵的行为。欧盟竞争委员会调查发现,阿克苏诺贝尔的子公司(如英国子公司)在特定化学品市场上与其他企业合谋抬高价格,违反了欧盟竞争法。然而,母公司辩称其与子公司在法律上是独立实体,不应为子公司的垄断行为承担责任。这一争议的核心在于:在反垄断案件中,母公司是否能够凭借“法人独立原则”规避法律责任,即使其子公司实际执行了垄断行为。

法院裁决:本案涉及全球化工巨头阿克苏诺贝尔(AkzoNobel)及其子公司参与市场价格操纵的行为。欧盟竞争委员会调查发现,阿克苏诺贝尔的子公司(如英国子公司)在特定化学品市场上与其他企业合谋实施价格操纵行为,违反了欧盟竞争法。然而,母公司辩称其与子公司在法律上是独立实体,不应为子公司的垄断行为承担责任。这一争议的核心在于：在反垄断案件中，母公司是否能够凭借“法人独立原则”规避其子公司垄断行为的责任。

意义：本案的裁决在反垄断法领域具有深远影响，其核心意义在于突破了传统公司法中“法人独立原则”的僵化适用，转而强调经济实质在竞争法案件中的决定性作用。法院通过“单一经济实体”理论，认定母公司与子公司在经济实质上构成“单一实体”，尽管法律形式上独立，但母公司不能仅凭法律形式上的独立地位逃避责任，而必须对其控制下的子公司的垄断行为承担连带责任。这一原则的确立填补了法律监管的空白，防止企业集团利用复杂的公司架构规避反垄断责任，同时强化了竞争法的威慑力，促使跨国企业在全球运营中更加审慎地监督子公司的商业行为。此外，本案进一步巩固了“经济实质优于法律形式”的司法理念，为后续类似案件提供了重要参考，使监管机构和法院在评估企业责任时能够更精准地识别实际控制关系，而非仅依赖公司法律结构的表面独立性。从长远来看，这一判例推动了企业合规体系的完善，要求母公司建立更严格的反垄断合规机制，从而在维护市场公平竞争的同时，降低自身的法律风险。

（4）英国对法人人格否认以及一人公司制度

尽管英国《2006 年公司法》并未对一人公司作出单独规定，但“揭开公司面纱”这一原则同样适用于一人公司。当股东与公司之间不存在明确的区分，或者公司仅服务于股东的个人利益时，法院有权“揭开公司面纱”，让股东承担责任。①

如果某股东仅为了逃避债务或实施欺诈而设立一人公司，且该公司没有独立的业务活动，仅仅作为股东个人利益的延伸，那么基于上述原

① Virginia Mantouvalo, “Modern Slavery and Corporate Liability: Antuzis v. DJ Houghton”, *Industrial Law Journal*, Vol.49, No.2, 2020, pp.292 - 302.

则，法院可能会进行干预。英国法院通过一系列判例对该制度进行了完善，确保即使是一人公司也不能通过法人独立地位逃避责任。

4. 中国澳门特别行政区

中国澳门作为特别行政区，拥有独立的法律体系和法院体系。澳门的公司法与内地及其他海外司法管辖区的公司法有所不同，但也有相关规定涉及否认公司法人资格以及“揭开公司面纱”的问题。尽管澳门没有针对一人公司的具体法律规定，但通过类似于内地的“法人人格否认”原则以及有关滥用法人地位的先例，法院在某些情况下会“揭开公司面纱”，并要求股东或董事承担个人责任，尤其是在公司滥用法人地位的情况下。

（1）中国澳门的《公司法》与法人独立性

澳门的《公司法》规定，公司作为法人具有独立的法律地位并享有有限责任，这意味着股东通常无须对公司的债务承担个人责任。然而，这种独立性并非绝对，法院在某些情况下可以“揭开公司面纱”，并要求股东或董事承担个人责任，尤其是在公司滥用法人地位的情况下。① 澳门《商法典》明确规定，尽管公司具有法人地位，但在以下情形下，法院可依据公共秩序和良好习俗原则、诚实信用原则以及法律规定，否认公司的法人地位或追究股东的责任。

（2）法人人格否认的适用条件

在中国澳门，法院通常在以下情形下适用“揭开公司面纱”原则：

A. 滥用公司独立性

如果公司只是股东个人利益的工具，尤其是当股东通过公司从事非

① 《中国澳门特别行政区法律丛书·商法卷》，社会科学文献出版社 2021 年版，第 80 页。

法、欺诈或逃避法律责任的行为时，法院可认为公司与股东并非独立存在，进而“揭开公司面纱”，追究股东的个人责任。

B. 恶意逃避法律责任

当一家公司的首要目的是规避债务或其他法律责任，并且股东仅将公司作为个人债务或法律责任的“遮羞布”时，法院可以“揭开公司面纱”，并判定责任由股东承担。

C. 公司成立的目的在于欺诈或非法获利

如果一家公司是为了欺诈或非法获利而设立的，法院可以认定该公司仅仅是个别股东行为的延伸，从而让股东承担责任。

（3）典型案例分析

尽管澳门的判例相对较少，但有一些案例和司法解释表明，法院在某些情况下适用“揭开公司面纱”的原则。在审理过程中，这些案例凸显了公司与股东之间的实际关系，尤其是在一人公司或股东滥用公司独立性的情况下。澳门法人人格否认制度以《商法典》第六条为核心，司法实践强调严格适用。近年来，此类案件多集中于财产混同和欺诈性资产转移方面。尽管公开判例较少，但法院对跨境纠纷和破产清算中的滥用行为的审查愈发严格。未来，随着粤港澳大湾区经济一体化进程的深化，澳门可能会面临更多复杂的案件，以推动该制度的进一步实践和完善。

A. 澳门中级法院第 123/2019 号案件①

案例：一家贸易公司的股东通过虚构交易将公司资产转移至其个人账户，致使公司无法偿还供应商的债务。供应商提起诉讼，要求股东承担个人责任。

判决：法院认定该股东存在“故意混淆公司财产与个人财产”的行为，构成滥用法人独立地位，裁定法人人格被否认，股东应以其个人财产

① Macau Legal and Judicial Training Centre（CFJ）.

清偿债务。

意义：该案件是澳门近年来少数公开的否认法人人格的案例之一，法院强调需通过资金流水、交易合同等直接证据证明股东主观上的恶意和财产混淆情况，体现了严格适用原则。

B. 2021 年一家建筑公司的破产清算案（未公布案号）

案例：为了逃避项目债务，一家建筑公司的股东设立了多个“空壳公司”转移资产，债权人申请法人人格否认。争议焦点在于：如何证明股东利用公司架构来“规避合同义务”。

判决：法院最终认定，这些股东通过资金流动及相关交易记录实施了系统性的欺诈行为，并支持了债权人的诉求。

从上述两个案例中可以看出，中国澳门法院在审查“滥用职权”时，关注的是商业行为的合理性以及交易的实质内容，而非仅仅关注公司的形式。①

（4）中国澳门与其他地区的相似之处和不同之处

中国澳门与其他地区都强调，在公司的法律地位下，公司应当享有独立性，股东对公司债务承担有限责任。然而，在法院实践中，如果公司仅仅是一个股东逃避责任的工具或者存在不当行为，中国澳门法院会“揭开公司面纱”，并要求股东根据法律和道德责任承担相应责任。这与英国、德国、日本等司法管辖区的做法类似，这些司法管辖区都是基于防止滥用公司地位的法律原则。

与其他国家和地区相比，中国澳门的公司法很少通过具体规定来明确“揭开公司面纱”的制度，而是依靠法院在个案中的司法判断和解释。因此，中国澳门地区法人人格否认制度更多地依赖于法院对公司滥用法人资格行为的动态判断。

① 唐晓青：《澳门公司法中的法人人格否认制度》，《澳门法学研究》2020 年第 2 期，第 56 页。

第二章
一人公司股东追溯责任的法律问题研究及司法裁判规则

在中国公司法的不断演进中，作为一种独特的企业形式，一人公司中股东的法律地位及责任认定始终是法律实践中的重要议题。特别是在新《公司法》修订过程中，一人公司股东责任追溯规则经历了多次调整，这不仅具有深远的理论价值，也在实践中引发了广泛讨论。

第一节　新《公司法》修订背景下的一人公司股东责任追溯影响分析

1.《公司法》(2018 年修正) 第六十三条在新《公司法》(2023 年修订) 中被修订

《公司法》(2018 年修正)第六十三条曾是规范一人公司股东责任追溯的重要法律依据，其核心内容明确规定，在特定情形下，如果公司股东未履行出资义务或滥用公司法人独立地位，导致公司无法清偿债务，则该股东应承担连带责任。这一条款旨在平衡公司的法人独立地位与债权人利益的保护，并防止股东利用一人公司逃避债务。然而，《公司法》(2023 年修订)中对此进行了调整，将其实质内容吸收至第二十三条，第二十三条规定："只有一个股东的公司，股东不能证明公司财产独立于股东自己的财产的，应当对公司债务承担连带责任。”相较于旧法中“一人有限责任公司”的表述，该条款将适用范围扩展至所有一人公司。这一调整扩大了责任主体的适用范围，同时优化了举证责任分配，反映了立法对法人人格否认制度的体系化重构。

这一立法调整反映了立法者试图通过扩大责任适用范围，强化对一人公司的监管，而非放宽限制。虽然该规定扩大了法律适用的广度，但其依据股东人数判断责任的方式，在一定程度上突出了立法认定的局限性。这种立法方式可能导致某些情况下对股东责任的过度推定，而未能充分考虑个案中财产混同的具体情形，使法律适用的精准性受到一定影响。

新《公司法》修订后，将原第六十三条的实质内容通过第二十三条扩大了适用范围而非取消责任制。第二十三条反映了立法者在更好地平衡公司实体独立性与股东责任方面的意图。其立法意义主要体现在三个方面：首先，它为债权人提供了明确的追责依据。当公司资产不足以清偿债务时，债权人可以依法追究股东的个人责任，从而强化对债权人利益的保护。其次，明确股东责任追溯的条件，有效防止股东滥用公司独立人格，以公司名义实施欺诈或逃避债务，进一步提升公司治理的规范化和透明度。最后，恢复该条款为司法实践提供了清晰的法律工具，使法官在处理涉及单一股东公司的案件时能作出更精准的判断，避免裁判标准不一致，提高司法效率和公平性。

2. 基于立法背景对一人公司法人人格否认制度的实证研究与判断及其对实践的指导意义

(1) 基于立法背景对一人法人人格否认制度的研究与判断

在修订新《公司法》的过程中，一人公司法人人格否认制度的研究与应用具有重要的实践意义。法人人格否认制度是指法院在特定个案中，当股东滥用公司法人独立地位损害债权人合法权益时，有权否定股东与公司的人格独立性，并直接追究股东的个人责任。该制度的核心目的在于遏制股东滥用法人独立地位和有限责任，平衡债权人保护与公司经营自由，从而维护市场交易的安全性、公平性和法治原则。在立法背景下的法人人格否认制度研究与判断，对于厘清一人公司人格否认的法律适用范围、认定标准、举证责任分配等问题具有重要意义。同时，对于指导司法实践、规范公司治理、维护市场秩序具有积极的指导意义。通过这一系统，法院能够有效地防止股东通过不当手段逃避其应尽的责任，确保公司与股东之间财产归属及法律责任的明确界定，并进一步加强商业交易的法律保护。①

研究法人人格否认制度需要从法律条款的变化入手，并深入理解其立法意图。新《公司法》中股东责任条款的调整体现了立法者在公司独立性与债权人利益保护之间所作出的平衡。在实际审判中，法院应当从多个维度合理判断股东是否应当承担个人责任。具体而言，可以分析以下方面：股东是否存在严重的资金短缺情况，是否履行了出资义务；股东与公司资产之间是否存在混淆，削弱了公司的财务独立性；股东是否存在欺诈行为或利用公司形式逃避债务的情况。

立法背景的调整为司法实践提供了更明确的依据。法院可以根据新《公司法》的相关规定更准确地适用法人人格否认原则。这不仅有助于避免不当的问责或责任不清的情况，还能提高裁判的可预测性和公正性。同时，合理运用法人人格否认制度还能引导一人公司股东规范经营，防范法律风险。

法官必须根据案件的具体情况，全面考量股东行为与债权人权益之间的关系，确保裁判既符合法律规定，又实现实质公平。通过深入探讨和

① 乔清清：《一人公司法人人格否认问题研究》，博士学位论文，内蒙古财经大学，2024 年，第 16 页。

灵活适用法人人格否认制度，不仅可以有效遏制对公司独立人格的滥用，还能够为市场主体提供清晰的法律预期，促进市场秩序的健康发展。

(2) 案例研究：一人公司法人人格否认制度的应用[因案件发生在2024年7月1日前，故仍适用《公司法》(2018年修正)]

A. 案例背景

置×公司是一家由“能×公司”全资控股的一人有限责任公司，成立于2013年10月15日，注册资本为3 000万元。公司成立当日，置×公司即将其注册资本中的2 900万元对外投资于张家口华×公司，仅留存100万元作为运营资金。置×公司承接了位于天津市××大厦建设项目，并通过招投标程序选定江苏南通××集团有限公司(以下简称“南通××”)为施工单位，双方于2015年4月15日签订《建设工程施工合同》，合同总价为1.355亿元。

2016年1月18日，双方又签订《总包补充协议》，约定南通××需垫资施工，工程竣工验收后10个月内，置×公司付清全部工程款。2017年3月，能×公司将其持有的置×公司100%股权转让给睿×公司，股权转让协议中约定睿×公司须以购房款形式支付部分转让价款，并由置×公司返还该款项。2018年8月17日，置×公司与南通××签订《支付协议》，确认欠付工程款1.32亿元，并约定了分期付款计划及逾期利息。

因置×公司未按约支付工程款，南通××提起诉讼，要求置×公司支付欠款及利息，并主张能×公司与睿×公司作为股东对债务承担连带责任。一审法院驳回了南通××关于股东连带责任的请求，但最高人民法院在二审中改判，认定能×公司与睿×公司应对置×公司的债务承担连带责任。①

① Tianjin Guochu Real Estate Co., Ltd. v. Guochu Energy and Chemical (Tianjin) Co., Ltd., The Supreme People's Court (2019).

B. 法院认定的关键事实

置×公司在设立后即将 2 900 万元注册资本中的绝大部分用于对外投资，仅留存约 100 万元作为公司流动资金。这种资金配置明显不足以支撑其随后承接的重大建设项目——××中心大厦工程。该项目合同金额高达 1.355 亿元，资金需求庞大，然而置×公司自身几乎没有任何施工能力或财务支撑，项目施工完全依赖南通××公司的垫资。这种高度依赖外部融资、缺乏资金保障的运营模式，严重偏离了《公司法》中“公司应具备与其经营规模相匹配的资本实力”的基本要求。根据《公司法》的立法宗旨，注册资本应当是公司开展正常经营活动的物质基础，而非形式上的数字游戏。置×公司虽在形式上完成了工商注册登记，但实质上其经营能力极度不足，资本基础远远无法满足其所承担的大额工程项目，显然违反了资本真实、资本维持和资本充足原则。在司法审查中，法院据此认定，置×公司在财务安排和经营实践中表现出典型的“空壳公司”特征，不具备独立承担债务的能力。该种结构性资金失衡直接增加了债权人因债务无法履行而遭受损失的风险，也动摇了交易安全的基础，最终成为适用法人人格否认制度的重要依据之一。

C. 法律适用分析

(a) 一人公司法人人格否认原则

《公司法》(2018 年修正)第二十条第一款及第三款明确规定，股东不得滥用公司法人独立地位和股东有限责任来逃避债务、损害公司债权人合法权益；若构成滥用，应对公司债务承担连带清偿责任。本案中，置×公司虽在形式上为依法注册设立的有限责任公司，但在实质经营中却存在严重的资本虚设、财产混同和治理结构紊乱问题，体现出明显的对公司法人制度的滥用。首先，公司在设立初期将绝大部分注册资本用于对外投资，仅剩极少部分作为流动资金，公司注册资本与经营风险严重不匹配，且股东未证明其合理性，与其随后承接巨额建筑项目的经营规模明显不匹配。其次，公司与控股股东之间存在频繁的资金流转，资金使用不规范，缺乏清晰的账务记录，无法划清公司与股东之间的财产边界。再次，在公司治理结构方面，股东直接绕过公司内部程序，擅自处置公司资产，如以公司名义返还购房款、处置写字楼物业等行为，体现出其对公司的过度控制和对公司独立人格的否定。上述三点构成了对公司独立人格的实质性侵蚀。法院据此适用法人人格否认制度，并不以股东主观恶意为前提，而是依据客观行为是否造成对公司人格的滥用以及是否严重损害债权人利益。本案中，南通××作为施工单位，其工程垫资款项面临无法追回的现实风险，债权人利益受到了直接且严重的损害。故法院依法否认置×公司独立法人人格，判令相关股东对公司债务承担连带责任，具有坚实的法律基础与事实依据。

（b）一人公司举证责任倒置规则

在公司法实践中，一人有限责任公司因其特殊结构而存在较高的财务不透明和风险外溢问题。为防范这一风险，《公司法》（2018 年修正）第六十三条确立了举证责任倒置规则，要求一人公司股东负举证责任，证明其个人财产与公司财产相互独立。若未完成该举证义务，则推定其应与公司共同承担对外债务责任。在本案中，置×公司实质上由能×公司单独出资设立，能×公司虽在诉讼中提交了 2013 年至 2014 年度的审计报告，试图以此佐证其与置×公司财产之间不存在混同。然而，这些审计资料的时间未覆盖债务形成期间，且其内容存在多处疑点，难以反映真实的财务状况。例如，报告显示置×公司有对外投资行为，却未在能×公司账目中对应体现投资收益，形成事实上的账务脱节和虚假披露。此外，股东陈述亦与审计数据存在明显不一致，进一步削弱了报告的证明力。

睿×公司作为后续受让置×公司全部股权的股东，亦未尽到举证义务。根据法律规定，股权受让人应知悉并承担公司法所赋予的义务与责任，包括履行独立性举证责任。然而，睿×公司未提交任何财务资料或第三方审计意见来证实其接手置×公司后保持了财产独立性，因此，应承担因举证不能所带来的不利法律后果。两位股东在财务管理上的严重失职，间接导致公司财务混乱与债务偿付能力不足，法院据此判令其对置×公司的债务承担连带清偿义务，合乎法律规定与司法逻辑。

(c)《九民纪要》的指导作用

《全国法院民商事审判工作会议纪要》(即《九民纪要》)作为最高人民法院指导下级法院统一司法裁判尺度的重要文件，在法人人格否认制度的适用上提供了清晰标准和适用路径。第十条至第十二条明确指出，以下三种情形可作为适用法人人格否认制度的重要依据：(1) 人格混同(第十条)，即公司与股东之间的财产混同或账户不清；(2) 过度支配或控制公司事务(第十条、第十一条)；(3) 公司资本明显不足(第十二条)，无法满足经营需求。

在本案中，置×公司的经营活动正好同时符合上述三项情形，堪称典型案例。第一，关于人格混同，公司与能×公司之间存在大量资金往来，资金使用不规范，甚至将置×公司的房款用以向能×公司支付股权转让款项，严重混淆公司与股东财产边界。第二，关于过度支配，公司重大资产的处置(如写字楼面积达 791.26 ㎡的房产)，并未履行公司内部审批流程，而是由股东单方面决定，显示出公司已丧失自主意志，成为股东的“工具”或“代理人”。第三，关于资本不足，公司虽然表面上注册资本为 2 900 万元，但资金在设立初期即被大量抽调用于非生产性投资，公司实际可支配资金仅剩约 100 万元，而其所承接的××中心大厦项目造价超过 1.3 亿元，完全依赖施工单位垫资运行，资本结构严重失衡，不具备相应的债务承担能力。

法院正是在上述三项典型事实的基础上，结合《九民纪要》的指导意见，认定本案构成适用法人人格否认制度的标准情形。该认定不仅有助于揭示公司与股东之间的真实法律关系，也对防止企业滥用公司制度、保护交易相对方权益、维护市场交易安全具有深远意义。

D. 法院判决理由

在本案二审中，最高人民法院对相关事实和法律关系进行了全面审查，并作出详细判决意见。首先，法院指出，作为置×公司的原始出资人和后续受让人，能×公司与睿×公司均未能有效履行其举证责任，证明置×公司财产与其个人或其他主体的财产之间具有明确的独立性。根据《公司法》(2018 年修正)第六十三条的规定，一人有限责任公司的股东有义务证明其个人财产独立于公司财产，否则将承担公司债务的连带责任。然而，两家公司在本案中未能提供具有法律效力的财务审计报告或相关证据，反而出现公司财务报表与实际资产不符、投资收益去向不明等问题，致使公司与股东之间的财产界限模糊，不能排除财产混同的可能性。因此，法院认定能×公司与睿×公司未完成举证义务，应承担举证不能的法律后果。

其次，法院进一步指出，本案中能×公司与睿×公司不仅在财务层面与公司之间界限不清，更存在明显的滥用法人独立地位的行为。具体表现为，股东通过《股权转让协议》安排置×公司向能×公司返还所谓“购房款”，而实际对应的是公司名下的房产，该行为在事实上构成了股东侵吞公司财产的行为。这种操作手法直接削弱了置×公司的资产基础和偿债能力，剥夺了债权人实现债权的合法渠道。根据《公司法》(2018 年修正)第二十条第三款的规定，若公司股东滥用法人独立地位和有限责任制度，严重损害公司债权人利益的，应当对公司债务承担连带责任。因此，法院认定能×公司与睿×公司的此种行为已构成对法人人格的滥用，应予以否认，并追究其相应责任。

此外，法院还特别指出，案件中的《支付协议》明确载明，置×公司对施工单位南通××公司负有支付工程款的法定义务。然而，在实际履行过程中，股东却试图以公司为幌子，通过实际操控资金流向的方式规避债务清偿义务，这一行为明显违背了诚实信用原则和合同约定的基本精神。这种行为不仅损害了相对方的信赖利益，也破坏了市场交易秩序。法院强调，任何当事人都不得以虚构或规避形式改变其实质法律义务。

综上所述，二审法院依据现有证据和法律规定，认定能×公司与睿×公司未能有效证明公司与股东财产的独立性，且存在滥用法人人格以逃避债务的情节，严重侵害债权人南通××的合法权益，遂依法改判二者对置×公司债务承担连带清偿责任。同时，法院考虑到南通××公司实际承担了工程建设中的巨大经济风险，故支持其提出的年利率12%的逾期利息请求，并将利息起算时间确定为××××年×月××日，以体现对债权人权益的实质保护和法律责任的公正衡量。

E. 实践指导意义

严格适用一人公司特殊规则具有重要的实践意义。《公司法》(2018年修正)第六十三条规定了举证责任倒置，使债权人更容易证明公司与股东财产是否相互独立。一人公司的股东必须确保公司财产独立于其个人财产，并通过审计报告等方式提供证据。公司应完善治理结构，确保股东不直接干预公司经营，保持公司的独立法人地位，避免人格混同。法人人格否认原则有助于保护债权人的权益，法院应综合考虑公司资本状况、财产独立性及治理结构等因素，防止股东滥用公司法人地位逃避债务，维护债权人的合法权益。

【判决核心内容总结】

一审法院认为，本案争议焦点为：① 诉争工程结算价款及已付款金额；② 置×公司是否应当立即给付南通××全部工程欠款及利息；③ 置×公司是否应当给付南通××逾期支付工程款的违约金；④ 能×公司、睿×公司是否应当对置×公司的债务承担连带清偿责任。一审法院经审理后判决：① 置×公司于判决生效之日起十五日内向南通××支付工程款××××元及利息(自××××年×月×日起至实际给付之日止,按中国人民银行同期同档贷款基准利率计算);② 驳回南通××的其他诉讼请求。

二审中,各方当事人均未提交新证据。二审法院认为,本案二审争议的焦点问题是:①《总包补充协议》的效力,南通××请求支付××××年×月×日之前工程预付款及工程进度款逾期付款违约金是否有依据;② 置×公司是否应当支付欠付款项利息以及如何支付;③ 能×公司、睿×公司是否应当就案涉债务承担连带清偿责任。

关于《总包补充协议》的效力及逾期付款违约金问题,二审法院认为,《总包补充协议》构成对中标合同的实质性变更,应属无效。但双方实际履行的是《支付协议》,该协议对工程款支付作出了新的约定,应视为对中标合同的变更。《支付协议》未约定预付款和进度款迟延付款违约金的事宜,南通××关于支付××××年×月×日之前逾期付款违约金的主张,依据不足。

关于置×公司是否应当支付欠付款项利息以及如何支付的问题,二审法院认为,《支付协议》系双方真实意思表示,合法有效。置×公司未在约定时间内付清余款,应当适用《支付协议》中关于欠付工程款利息的约定。一审判决以债务加速到期为由不适用该约定,依据不足,应予纠正。南通××上诉主张从××××年×月×日起算利息,有事实依据,应予支持。

关于能×公司、睿×公司是否应当就案涉债务承担连带清偿责任的问题,二审法院认为,《公司法》(2018 年修正)第六十三条对一人有限责任公司财产独立的事实,确定了举证责任倒置的规则。能×公司、睿×公司作为置×公司的一人股东,未能提供充分证据证明公司财产独立于股东自己的财产,应当对置×公司的债务承担连带责任。

综上,南通××的上诉请求部分成立,置×公司的上诉请求不能成立。依照相关法律规定，判决如下：① 撤销一审判决第二项；② 变更一审判决第一项为：置×公司于本判决生效之日起十五日内向南通××支付工程款××××元及利息（自××××年×月×日起至实际给付之日止，按年利率×%计算）；③ 能×公司、睿×公司对上述债务承担连带清偿责任；④ 驳回南通××的其他诉讼请求。

第二节　中国一人公司法人人格否认制度适用中的问题

1. 立法规定过于原则化，缺乏细化

中国目前的一人公司法人人格否认制度存在过于原则化的立法设计，缺乏更为详细和可操作的标准。这种立法模式赋予司法实践更大的裁量权，但也导致了判断标准的不一致。新《公司法》第二十三条规定："公司只有一个股东，且股东无法证明公司财产与其个人财产相互独立的，应当对公司债务承担连带责任。"与《公司法》（2018 年修正）第六十三条中表述的"有限责任公司"相比，修订后的表述将适用范围限定为"只有一个股东的公司"，这在形式上是一个一人有限责任公司，但并未涵盖那些实际上由单一控制人主导而股东超过一个的公司。这种立法选择忽视了司法实践中普遍存在的"一人有限责任公司"现象，限制了股东责任追溯的认定。①

这种立法的狭窄性在实践中可能导致两个主要问题：

① 杨亚楠：《公司逆向法人人格否认的司法适用及完善研究》，博士学位论文，华东政法大学，2022 年，第 39 页。

首先，该制度严格限制了法院在具体案件中的裁量权。当面对复杂的公司结构或股东行为时，法院往往难以突破形式上的一人公司认定标准。这种制度设计的局限性导致一些股东能够轻易滥用法人独立地位，通过设立一人公司转移资产、逃避债务等侵害债权人利益的行为，却难以被追究法律责任。例如，在部分案例中，股东通过设立多个关联公司形成复杂的股权结构，使法院难以认定其实际控制关系，最终导致债权人权益无法得到有效保护。

其次，现行制度为市场主体规避法律责任提供了较大的操作空间。实践中，部分股东通过虚增名义股东、代持股份等方式来规避"一人公司"的认定标准。这些规避手段使原本应当承担连带责任的股东得以逃脱法律追责，严重破坏了法律的公平性和债权人权益保护机制。特别是在涉及大额债务纠纷时，这种规避行为往往会造成债权人重大损失，而现行法律对此类行为的规制明显不足。

此外，现行法律缺乏对股东"滥用公司法人独立地位"行为的明确界定，未对"资本不足""财产混同"和"恶意利用公司形式"等核心概念提供具体标准。这导致法院在审理此类案件时，仅依赖司法解释和个别判断，造成裁判结果的强烈主观性和不确定性。例如，虽然资本不足和财产混同是常见的认定标准，但现行法律并未明确规定"资本不足"的具体标准以及"财产混同"程度的量化方式。这增加了法院裁判的复杂性，并可能导致不同地区在类似案件中的判决不一致。

从立法改进的角度来看，尽管新《公司法》第二十三条反映了对一人公司法人人格否认制度的关注，但仍需解决实践中存在的核心问题。相反，其在适用范围方面存在更显著的局限性。在完善一人公司的法人人格否认制度时，应当通过立法细化相关标准。例如，明确构成滥用法人独立地位的标准，细化注册资本不足和财产混同的具体认定标准，将实质一人有限责任公司纳入监管范围。制定更具操作性的法律条款，为司法实践提供明确依据，提高判决结果的可预测性和一致性，有效遏制股东滥用公司形式逃避责任的行为，保护债权人的权益，并促进市场主体合规运营。

2. 确认资本不足的困难

确认资本不足是法人人格否认过程中面临的核心挑战，特别是当股东未按照法律要求履行足额出资义务或将公司资本挪作个人用途时。资本不足通常指公司注册资本与经营规模及风险承受能力明显不匹配，尤其在破产或债务纠纷中。如果股东未履行出资义务或通过不正当手段转移资产，法院可能会否认公司的法人独立性。① 然而，在实际操作中，确认资本不足面临多重挑战：

（1）财务透明度不足

一人公司在财务透明度方面存在显著缺陷，这种信息不对称问题给司法实践带来了诸多挑战。由于缺乏有效的内部制衡机制，因此一人公司的财务管理和资金运作往往完全由单一股东掌控，公司财务信息呈现高度不透明的状态。具体表现在：公司账目记录不规范、资金往来凭证缺失、关联交易披露不充分等现象普遍存在。这种财务信息的不透明性使法院在审理案件时，难以通过常规审计手段全面、准确地评估公司的真实资本状况。

更为严重的是，部分股东利用这种监管盲区，通过复杂的资金运作手段转移或隐匿公司资产。常见的手法包括：虚构交易转移资金；以明显不合理的价格进行关联交易；将公司资产低价转让给关联方等。这些操

① 但晨曦：《我国人格否认制度在夫妻公司中的司法适用研究》，博士学位论文，贵州大学，2023 年，第 23 页。

作往往具有相当的隐蔽性，不仅使公司资本状况更加扑朔迷离，也使债权人难以追踪资产去向。在司法实践中，即使法院怀疑股东存在抽逃出资或转移资产的行为，也常常因为证据不足而难以认定。

这种财务不透明带来的直接后果是，法院在判断公司资本是否充足时面临巨大障碍。一方面，因缺乏可靠的财务数据支持，法院难以准确计算公司的实际资本状况；另一方面，股东的不当操作使公司表面资本状况与实际偿付能力严重脱节。这种情况不仅损害了债权人的合法权益，也削弱了司法裁判的准确性和公信力。因此，亟须通过完善信息披露制度、强化财务监管等措施，提升一人公司的财务透明度，为司法裁判提供可靠的事实依据。

（2）资本不足的界定标准模糊

我国现行法律虽然明确规定了股东应当按期足额缴纳出资的义务，并要求公司保持与其经营规模相适应的资本水平，但对于如何具体认定“资本不足”这一关键问题却存在明显的立法空白。法院通常依赖法官的裁量权，这一认定在不同案件中可能会有所不同。因缺乏统一的标准，法院在评估公司是否存在资本不足时容易受到主观因素的影响，使法律适用不一致。这种标准缺失导致司法实践中出现诸多问题：

首先，因缺乏量化的认定标准，不同法院在审理类似案件时可能采用完全不同的判断方法。有的法院可能侧重考察注册资本与实收资本的比例，有的则更关注公司资产与负债的比率，还有的会综合考量公司经营规模、行业特性等因素。这种判断标准的差异性直接导致了“同案不同判”现象，损害了司法统一性。

其次，资本充足性的评估本身就是一个专业性极强的财务判断。在缺乏明确法律指引的情况下，法官往往需要依赖自身的商业经验和财务知识来作出认定。这不仅给审判工作带来困难，也使判决结果容易受到法官个人认知偏差的影响。实践中，有些案件仅因审理法院或承办法官不同，就可能对相同事实作出截然不同的法律认定。

更值得关注的是，这种标准缺失给市场主体带来了法律预期的不确定性。企业在经营过程中难以准确判断自身的资本状况是否符合法律要求，增加了合规风险。同时，给部分恶意债务人提供了可乘之机，他们可能利用这一法律漏洞，通过人为制造“资本充足”的假象来逃避法律责任。

（3）确定股东责任的困难

股东可能会通过复杂的财务操作来掩盖资本短缺的情况，这使法院的审查过程变得复杂。因为司法机关的财务审计手段有限，追查股东责任往往需要外界协助。在这种情况下，法院可能需要协助来准确判断股东是否应为资本短缺承担责任，从而影响最终裁决的公正性和准确性。在具体的司法实践中，认定股东对资本短缺的法律责任面临着以下多重障碍：

首先，现代企业财务操作的复杂性为股东规避责任提供了技术可能。精明的股东往往通过设立多层持股结构、虚构关联交易、跨境资金转移等复杂财务手段，人为制造资本充足的假象。这些操作不仅涉及专业的财务会计知识，更需要追踪资金流向的专门技术，超出了常规司法审计的能力范围。

其次，司法机关在财务调查手段上存在明显局限。受制于司法审计的专业性不足和调查权限的制约，法院往往难以独立完成对隐蔽性财务操作的全面核查。特别是在涉及跨境资金流动或金融衍生品交易等复杂情形时，常规审计手段更显得力不从心。实践中，许多案件因无法获取境外银行流水或第三方支付平台数据，导致关键证据链断裂。

这种调查困境直接影响了责任认定的准确性。因为缺乏完整的财务证据，法院可能无法准确判断：资本短缺是经营不善的客观结果，还是股东恶意抽逃的主观行为。资金转移是正常的商业安排，还是逃避责任的刻意设计。这种判断上的模糊性，不仅延长了审理周期，更可能导致责任认定的偏差。

3. 举证责任不合理分配

在追溯一人公司股东责任的司法实践中，举证责任的分配是一个突出问题。在现行法律体系下，债权人通常承担较重的举证责任，需要证明股东滥用了其法人独立地位。然而，由于信息不对称和证据难以获取，因此债权人往往难以满足这一要求，处于不利地位。

（1）信息不对称导致举证困难

一人公司特殊的治理结构造成了严重的信息不对称问题。作为公司的唯一控制者，股东实际上垄断了包括财务账簿、资金流向、关联交易记录等在内的全部核心经营信息。这种绝对的信息控制权使债权人处于明显的证据弱势地位：一方面，债权人通常只能获取经过筛选的有限财务资料；另一方面，关键性的资金调拨指令、关联方往来等敏感信息往往被刻意隐藏。

实践中，股东可能通过多种手段强化这种信息不对称：设置复杂的离岸公司架构，使用私人账户进行资金划转，制作不完整的会计凭证等。这些操作即使通过司法审计，也难以完整还原资金流向。例如，某案件中股东通过虚构咨询服务合同，将公司资金转移至其控制的境外“空壳公司”，但因缺乏跨境调查渠道，债权人始终无法取得关键证据。

这种举证困境直接影响了案件的实体公正。因无法获取完整的财务轨迹，债权人难以证明：股东是否存在抽逃出资行为？公司财产是否与股东个人财产发生混同？资产转移是否具有正当商业目的？证据的缺失往往导致法院不得不作出有利于信息优势方（股东）的认定。这不仅损害了债权人的合法权益，更可能助长股东的机会主义行为，形成恶性循环。

（2）过重的举证责任

现行法律框架下，债权人面临近乎苛刻的举证要求。为追究股东责任，债权人不仅需要证明公司存在债务违约事实，还必须提供充分证据证实股东存在滥用公司独立地位的行为，包括但不限于：资本不足、财产混同、不正当利益输送等核心要件。这种举证责任的设置严重忽视了商事实践中的权力不对等现象。

在具体操作层面，债权人遭遇三重举证障碍：其一，关键证据的物理控制权完全掌握在股东手中，包括完整的会计账簿、银行流水、交易合同等核心财务资料；其二，股东作为公司实际控制人，具有天然的信息优势，能够通过技术手段对不利证据进行选择性隐匿或销毁；其三，在涉及资产转移的情形下，资金流向往往经过多层嵌套的关联方交易，形成复杂的证据迷雾。

特别值得关注的是，当股东实施系统性财务欺诈时，其精心设计的操作手法往往使外部人难以获取直接证据。例如，通过离岸账户进行的资金划转、利用第三方支付平台完成的资产转移、借助关联方实施的虚假交易等，这些操作都具有高度的隐蔽性和专业性。在此类案件中，要求债权人提供完整证据链近乎不可能，导致许多具有明显不当行为的股东得以逃脱法律追究。

这种失衡的举证责任分配在实践中产生了负面激励效应：一方面，股东意识到其不当行为被追究的概率较低，可能更加肆无忌惮地滥用公司独立地位；另一方面，债权人因维权成本过高而放弃正当诉求，导致市场信用环境恶化。司法实践中常见的情况是，即使存在明显的责任线索，由于证据门槛过高，法院不得不作出形式主义的裁决，因此无法实现实质正义。

（3）股东反向举证的便利

在现行制度下，股东在抗辩环节享有明显的举证便利。当债权人完成初步举证后，股东仅需提供形式合规的财务报表或表面合法的交易记录，即可主张公司运营正常。由于法律未对“资本充足”或“财产独立”等关键概念设定量化标准，因此股东往往能够通过选择性披露部分有利证据来构建抗辩理由。例如，仅展示某个时间节点的资产负债表，而刻意回避资金异常流动时段的财务数据。

这种举证优势在实践中产生双重效应：其一，股东可以利用其信息控制者的地位，精心准备符合形式要件的抗辩证据，即便这些证据可能掩盖了实质违规行为；其二，在缺乏明确行为准则的情况下，股东的抗辩重点往往转向质疑债权人证据的完整性，而非自证其行为的合规性。一个典型案例中，股东通过提交经过审计但未包含关联交易的财务报表，成功规避了财产混同的指控。

司法裁量权的行使进一步放大了这种不平衡。因缺乏统一判断标准，不同法官对同类证据的采信度存在显著差异：有的法官可能仅要求股东提供基础财务文件即可采信其主张，有的则要求股东证明资金往来的商业合理性。这种裁量差异导致相似案件可能出现完全相反的认定结果，不仅削弱了法律适用的可预见性，也在客观上降低了股东实施合规管理的积极性。在某个跨区域诉讼中，同一事实在不同法院分别得到了“构成滥用法人独立地位”和“属于正常商业风险”两种截然不同的司法认定结果。

(4) 案例研究：一人公司股东滥用法人独立地位的法律适用[因案件发生在 2024 年 7 月 1 日前，故仍适用《公司法》(2018 年修正)]

A. 案例背景：

本案是一起典型的买卖合同纠纷案件，涉及债权人中×公司与债务人南×公司及其实际控制人杜某甲、杜某乙及股东何某某之间的债务清偿责任争议。2015 年 8 月至 9 月，中×公司与南×公司签订两份《燃料油购销合同》，约定南×公司向中×公司供应 M100 重质燃料油，总金额为 7 467 万元。中×公司依约支付货款 7 547.21 万元(含额外费用)后，南×公司未按合同约定交付货物,且未退还货款。2016 年 1 月,南×公司单方提出解除合同,承诺退还货款并支付利息,但始终未履行义务。

经调查发现,南×公司收到货款后,将资金转移至关联公司能×公司及隆×公司,最终部分款项流入实际控制人杜某甲、杜某乙及股东何某某个人账户。中×公司认为,南×公司及其实际控制人滥用公司法人独立地位,恶意转移财产,严重损害债权人利益,遂提起诉讼,要求南×公司返还货款及利息,并主张杜某甲、杜某乙作为实际控制人,何某某作为一人公司股东承担连带责任。

一审法院认定南×公司构成违约,杜某甲、杜某乙通过股权控制及资金操作实际支配南×公司,何某某未能证明个人财产独立于公司财产,判决三人承担连带责任。杜某甲、杜某乙不服,以“非股东身份不应适用法人人格否认”为由提起上诉。最高人民法院二审维持原判,认为实际控制人滥用公司独立地位的行为同样适用《公司法》(2018 年修正)第二十条第三款,构成法人人格否认。

B. 法院判决:

① 实际控制人的认定

法院通过以下事实认定杜某甲、杜某乙为南×公司实际控制人:

股权控制链条:南×公司成立初期由杜某甲持股 90%,后变更为其控制的能×公司持股,2012 年股权形式上转让给何某某,但何某某提供的《股权转让合同》与付款凭证时间矛盾,且款项用途标注为“往来款”,无法证明真实交易背景。

资金流向异常:南×公司收到货款后,将 2 700 万元转至能×公司(杜某某妻子为股东),后者又向杜某甲个人转账 1 537 万元,杜某某虽主张为借款还款,但未能提供充分证据证明借款的真实性。

实际管理行为:杜某甲、杜某乙长期担任南×公司董事或监事,并在纠纷发生后直接与中×公司协商还款事宜,实际掌控公司决策。

② 股东何某某的责任

何某某作为南×公司一人股东，未按《公司法》(2018 年修正)第六十三条提交完整财务资料证明财产独立性，且案涉 1601 万元货款间接流入其个人账户，法院据此判定其承担连带责任。

③ 法律适用

法院认为，尽管杜某甲、杜某乙非名义股东，但其通过投资关系及协议安排实际支配南×公司，滥用法人独立地位转移财产，符合《公司法》(2018 年修正)第二十条第三款的立法目的，应类推适用该条款。同时，何某某因未履行举证责任，适用第六十三条一人公司股东责任规则。

本案的核心法律问题在于如何认定实际控制人的责任以及法人人格否认原则的适用条件。法院在判决中通过多角度分析，明确了相关法律规则的适用逻辑，为类似案件提供了重要参考。

C. 法律分析

首先，关于滥用法人地位的法律依据，《公司法》(2018 年修正)第二十条第三款规定："公司股东滥用公司法人独立地位和股东有限责任，逃避债务，严重损害公司债权人利益的，应当对公司债务承担连带责任。"该条款的立法目的在于防止股东利用公司独立人格逃避债务，但并未明确实际控制人是否适用。在本案中，最高人民法院通过目的解释，将实际控制人纳入规制范围。法院认为，实际控制人虽非名义股东，但其通过投资关系、协议或其他安排实际支配公司行为，其滥用公司独立地位的行为与股东滥用情形具有同质性。若仅追究股东责任，而放任实际控制人逃避债务，将违背法律公平正义的初衷。因此，法院基于"实质重于形式"原则，认定杜某甲、杜某乙作为实际控制人，其行为同样构成法人人格否认的适用条件。

其次，关于实际控制人与股东责任的比较，本案体现了不同主体的责任认定标准差异。根据《公司法》(2018 年修正)第六十三条，一人有限责任公司的股东负有举证责任，须证明公司财产独立于个人财产，否则应对公司债务承担连带责任。本案中，何某某作为南×公司的一人股东，未能提供充分证据证明财产独立性，因此法院直接适用举证责任倒置规则，判定其承担连带责任。而对于杜某甲、杜某乙，他们并非股东，法院需结合其对公司实际控制的程度、资金流向异常以及管理行为等多方面证据，综合认定其滥用公司独立地位的行为。这种区分体现了法律对不同责任主体的差异化要求，股东责任更侧重于财产独立性证明，而实际控制人责任则需证明其对公司行为的实际支配及滥用事实。

最后，关于法人人格否认原则的具体适用，法院从三个层面进行了论证：一是控制关系，即杜某甲、杜某乙通过持股能×公司及担任管理职务，长期操控南×公司的经营决策；二是财产混同，即南×公司货款经关联公司转入个人账户，且无法提供合理的交易背景说明；三是损害结果，即债权人中×公司的巨额债权因资金被转移而无法实现。这三个层面共同构成了法人人格否认的适用基础，法院的认定既符合法律规定，也体现了对债权人利益的充分保护。

D. 实践指导意义

本案的判决对市场主体具有重要的实践指导意义，尤其是在债权人权益保护、股东及实际控制人责任边界等方面提供了明确指引。

对于债权人而言，本案提示在商业交易中需加强风险防范。首先，在签订合同前应充分调查交易对方的股权结构、实际控制人及关联企业，特别关注是否存在“隐形控制”情形，如亲属持股、交叉任职等。其次，可要求公司提供近期的审计报告，以评估其财务独立性。若发现异常资金流动或公司治理混乱，债权人应及时采取法律措施，如申请财产保全或司法审计，以防止资产被转移。此外，在合同中可增设“实际控制人连带责任条款”，明确扩大责任主体范围，为后续维权提供合同依据。

对于股东及实际控制人，本案的警示作用尤为明显。一人公司的股东必须严格遵守《公司法》(2018 年修正)第六十三条的规定，确保个人财产与公司财产严格区分，避免混同。具体而言，股东应做到：① 设立独立的公司银行账户，避免与个人账户混用；② 公司重大资金往来需留存完整凭证，如合同、发票等；③ 定期委托第三方机构进行财务审计，并妥善保存审计报告。而对于实际控制人，即使不直接持有股权，也需谨慎参与公司经营管理，避免以个人名义收取公司款项。若存在关联交易，必须确保交易真实、价格公允，并留存完整的交易文件，否则可能被认定为滥用公司法人独立地位，进而承担连带责任。

从司法裁判趋势来看，本案体现了最高人民法院对法人人格否认制度的扩张适用，具有以下特点：① 主体上从股东延伸到实际控制人，填补了法律漏洞；② 证据标准上采用“高度可能性”规则，减轻了债权人的举证负担；③ 在保护债权人利益的同时，避免过度“揭开公司面纱”，损害市场主体的经营信心。这一裁判思路为未来类似案件提供了重要参考，也促使市场主体更加注重公司治理的规范性。

综上，本案通过灵活的法律解释和严谨的事实认定，明确了实际控制人在法人人格否认制度下的责任承担规则，对维护市场交易秩序、保护债权人合法权益具有深远意义。无论是债权人、股东还是实际控制人，均应以此为鉴，规范自身行为，防范法律风险。

【判决核心内容总结】

本院经审理查明，申请执行人与被执行人于 2015 年 8 月至 9 月期间先后签订两份燃料油购销合同，合同总金额为 7 467 万元。在实际履行过程中，申请执行人通过其开户银行分多笔向被执行人账户累计转账支付货款 7 547 万余元，超出合同约定金额 80 余万元。这一支付金额得到被执行人在后续函件中的书面确认，并在担保协议中再次明确。

关于利息计算问题，被执行人在解除协议中承诺自 2016 年 1 月 1 日起计算利息,并约定如未能在约定期限前全额退款,则按中国人民银行同期贷款利率的4倍支付逾期利息。经查,2016年中国人民银行一年期贷款基准利率为4.35%。一审法院综合考虑市场融资成本等因素,参照相关规定将利率调整为年利率6%,该调整幅度合理适当。

关于实际控制人身份认定问题,工商登记档案显示:相关个人自2001年起通过直接或间接方式长期控制被执行公司;在2012年股权变更后,虽工商登记显示他人持有股权,但该个人仍担任公司重要职务。特别值得注意的是,在公司出现经营困难时,所有重大决策均经其签字确认,这一事实有公司内部文件为证。

关于资金流向异常问题,银行流水显示:被执行公司收到货款后,在短时间内向多家关联公司转账大额资金,总金额达6 500余万元。这些关联公司的实际控制人与被执行公司实际控制人存在亲属关系,且交易既无正当商业理由,也未履行必要的内部决策程序。

关于股东责任问题,经查股权受让方在办理工商变更登记时,转让价款在转入公司账户后次日即被转回其控制的另一家公司账户。此外,在审计过程中,该股东仅提供了部分银行对账单,未能按要求提供完整的会计凭证、账簿及财务报表,导致审计机构出具了"因资料不全无法发表审计意见"的说明。

关于程序问题,一审法院在审理过程中多次要求相关当事人提交完整的财务资料,并给予充分举证机会。但直至作出判决时,相关当事人仍未完整履行举证义务。在这种情形下,一审法院依法作出不利于持有证据一方的认定,程序处理完全合法。

综上所述,本院认为一审判决在事实认定、法律适用和审理程序等方面均无不当。各上诉人的上诉理由缺乏事实和法律依据,依法应予驳回。依照相关法律规定,判决如下:驳回上诉,维持原判。本判决为终审判决。

第三节 在司法实践中,债权人追究一人公司股东责任的证据获取途径及内容

1. 一人公司股东责任追究的路径

在司法实践中,债权人追究公司股东责任的过程远不只是一个简单的法律程序,其中涉及诸多复杂因素。除了基本的法律步骤外,还需要关注一些法律细节和实际操作问题。首先,在确认股东责任的法律依据时,债权人应依据《公司法》及相关司法解释,并结合现有司法判例、法官的判例风格以及案件的具体情况进行分析。在一些复杂案件中,法院可能会参考以往的判例来确定股东是否滥用公司法人独立地位。因此,债权人必须具备扎实的法律知识和审慎的判断力,以确保法律依据充分支持其诉求。①

在请求法院判定法人人格否认时,债权人需要特别注意法人人格否认原则的适用范围。法人人格否认通常指股东通过公司这一形式逃避个人债务责任,或者利用公司的独立性从事违法行为。然而,在某些情况下,即便股东存在不当行为,公司仍保持其独立的法律地位,此时法院可能需要借助外部力量才能适用法人人格否认原则。因此,当债权人提出法人人格否认请求时,必须仔细分析股东的行为是否构成违法行为,是否严重违反《公司法》相关规定,并判断其是否符合法人人格否认的标准。

举证责任在提供相关证据方面至关重要。债权人需要证明股东滥用公司法人独立地位的行为,并且这些行为直接导致公司无法偿还债务,从

① 王昊:《一人公司股东与公司财产混同举证责任之若干问题探析》,《法制与社会》2021 年第 13 期,第 51—52 页。

而损害了债权人的利益。例如，债权人可以提供公司与股东之间存在严重财务混乱的证据，或者证明股东未经正式程序擅自就重大业务事项作出决定，损害了公司的资产。这些证据通常包括银行转账记录、财务报表、股东会议纪要等。为了增加胜诉的可能性，债权人需要尽可能多地收集详细且具体的证据。

在法庭审理案件时，法官会根据所提供的证据和案件的具体情况作出判决。在一些复杂的案件中，法院会综合考虑股东的恶意行为以及公司的运营状况，并分析股东是否有逃避责任的主观意图。例如，尽管表面上看，股东似乎遵守了《公司法》的相关规定，但如果他们仍通过诸如虚假出资和隐瞒公司资产等手段逃避个人责任，法院可能会采取更严厉的措施让股东承担责任。

此外，法院还会考虑股东的行为是否对其他债权人造成了损害或对公司造成了严重损害。例如，假设某股东在金融危机期间进行不合理的大额资金提取或资金转移，导致公司无法履行债务。在这种情况下，法院可能会让该股东承担连带债务，并且法院往往倾向于适用法人人格否认原则，让股东承担个人责任，并保护债权人的合法权益。

在司法实践中，应当特别注意法院的自由裁量权。相关法律规定往往更具原则性，因此法院的判断标准在不同案件中可能会有所不同。因此，债权人应当密切关注法院在诉讼过程中的判决趋势和裁量权运用情况，并根据具体情况灵活调整其诉讼策略。

2. 关于一人有限责任公司股东是否承担连带责任这一问题的相关证据内容

在追究股东连带责任时，债权人必须提供充分且详尽的证据，以确保法院能够确认股东应当承担责任。以下是债权人可以依赖的几种关键证据类型：

首先，股东未按法律规定缴纳出资或公司注册资本不足是追究股东责任的重要依据。如果股东未按时足额缴纳出资，或者公司的注册资本明显低于法律规定最低标准，法院可能会追究股东的责任。债权人可以通过公司的财务报表、出资证明书等文件证明股东仍需履行出资义务，导致公司注册资本不足，影响其履行债务的能力。例如，公司的注册资本不符合法定要求，或者资金未按时注入。在这种情况下，法院可能会要求股东个人承担责任，因为这直接影响公司偿还债务的能力。①

其次，股东与公司财产之间存在混同或非法转移资产的情况，也是要求股东对公司债务承担连带责任的重要证据。特别是在一人公司中，股东可能通过将公司资金转移到个人账户或隐藏公司资产来逃避债务，使区分公司财产和个人财产变得困难。债权人可以通过诸如银行交易记录、资产评估报告等证据证明股东滥用公司法人独立地位进行了资产转移或财产混同。例如，银行交易记录可以显示资金从公司账户转移到股东个人账户或其关联公司的账户，而资产评估报告可以揭示公司资产的损失。这些证据有助于法院判断股东是否存在恶意逃债行为。

第三，股东对公司实际控制权的行使以及利用这种控制权谋取私利，损害公司或债权人利益，这是认定股东承担连带责任的重要证据。如果股东利用公司的资金或资源为个人谋利，而非通过行使控制权来推动公司运营，这可能会对债权人造成损害。例如，股东通过不合理的方式将利润转移至个人名下，或者在公司面临财务困境时提取个人收入。债权人可以通过公司合同、股东会记录、财务审计报告等材料证明股东的控制行为。例如，股东会记录可以显示股东未经合理批准就作出了不公平的资

① 何洪群：《论公司法人人格否认的证明之完善》，博士学位论文，西南政法大学，2021 年，第 44 页。

源分配决策，而财务审计报告能揭示资金的不当流动或资源分配的不合理之处，这有助于法院判定股东是否滥用其控制权。

最后，债权人可以通过股东的行为模式和公司的运营状况来证明股东是否存在恶意或重大过失。例如，如果股东故意采用不正当手段阻止公司偿还债务或通过不合理手段逃避债务，这将对债权人造成损害。这一证据有助于法院评估股东是否应当承担连带责任。债权人可以通过公司运营数据、股东决策记录以及其他材料证明股东的行为故意损害了债权人的利益。如果股东通过不正当手段致使公司资不抵债或故意进行不合理资金转移，法院可能会认定股东承担连带责任。

3. 案例分析：债权人追究一家公司股东的连带责任[因案件发生在2024年7月1日前，故仍适用《公司法》(2018年修正)]

（1）案例背景

在本案例中，煤×公司作为原告，就一份煤炭买卖合同纠纷提起诉讼，诉至山东省高级人民法院，要求合同相对方及相关担保主体对合同项下的货款及违约金承担连带偿还责任。合同签订方孟×公司是一家一人有限责任公司，其唯一股东为张某某。煤×公司与孟×公司于2015年1月1日签订了《煤炭销售合同》，明确约定“先付款后供货”的付款方式和合同有效期限。然而，合同履行过程中，孟×公司未能依约支付货款并违约，形成了高达1.6亿余元的债务。

基于孟×公司无法清偿债务，煤×公司向法院主张，孟×公司股东张某某未能就其个人财产与公司财产的独立性提供有效证据，依据《公司法》(2018年修正)第六十三条，应对公司债务承担连带责任。同时，本案另一关键点在于江×公司的担保责任。江×公司于2018年5月出具保证函，对孟×公司对煤×公司的债务承担连带保证责任。该担保函明确表示，若孟×公司无法清偿债务，江×公司将负责清偿该笔欠款。担保函落款由江×公司加盖公章，并由时任唯一股东及法定代表人王某甲签字盖章。因此，煤×公司进一步主张，在担保责任成立的基础上，王某甲作为一人公司江×公司的唯一股东，在未能证明其与江×公司财产独立的情况下，应同样承担连带责任。

该案牵涉多个法律关系主体，不仅包括孟×公司与煤×公司之间的合同关系，还涉及江×公司、王某甲、张某某、王某乙、中×公司、盛×公司等多个被告之间的担保责任、法人人格否认制度等诸多法律问题。其复杂性不仅体现在当事人构成的多样性上，还反映在公司治理结构、财产独立性审查和法人人格否认规则的适用上，具有较强的典型性和司法适用指导价值。

(2) 法院判决

本案历经一审、二审，法院在充分审查证据、听取双方意见后作出裁判。一审法院认定，孟×公司未按照合同履行义务，构成违约，仍欠煤×公司货款 117 120 712.84 元。由于孟×公司为一人有限责任公司，其唯一股东张某某未能提交证据证明其个人财产与公司财产相互独立，因此依法适用《公司法》(2018 年修正)第六十三条的规定，判决张某某对孟×公司的债务承担连带责任。

江×公司方面，一审法院认为其出具的担保函合法有效，担保范围清晰，亦明确约定了保证期间。由于王某甲作为担保函签署时的江×公司唯一股东，亦未能举证其与公司财产相互独立的事实，因此法院认为存在财产混同，应认定其对江×公司的担保债务承担连带责任。

此外，法院认为王某甲提交的审计报告在形式与内容上存在重大缺陷。具体而言，审计报告未能真实反映江×公司的财务状况，存在重大虚假与遗漏，不能作为证明其独立性的证据。因此，法院采纳了煤×公司的主张，认定王某某对江×公司所提供担保范围内的债务承担连带责任。同时，张某某提交的审计报告也未被法院采纳，因其未能提供第三方独立审计意见且材料真实性可疑。

在二审中，江×公司、王某甲、张某某提起上诉，认为担保函系无效文件，主张煤×公司与孟×公司之间实为借贷关系，涉案买卖合同不真实。然而，二审法院驳回了上述观点，认为担保函具有法律效力，并且双方的债务关系已通过对账确认，不属于虚假交易。二审法院认为，本案中煤×公司确实在保证期间内主张权利，并且合同有效，买卖法律关系真实存在。对于张某某和王某甲提出的专项审计报告，法院指出该报告由当事人单方委托出具，无法排除利益冲突，并未能有效说明个人财产与公司财产的独立性。因此，二审法院支持一审判决，判决江×公司、王某甲、张某某共同承担连带清偿责任。

（3）法律分析

本案的核心法律问题在于：一人有限责任公司股东在未能证明其个人财产与公司财产独立的情况下，是否应对公司债务承担连带责任。依据《公司法》(2018 年修正)第六十三条规定："一人有限责任公司的股东不能证明公司财产独立于股东自己的财产的，应当对公司债务承担连带责任。"此外，《公司法》(2018 年修正)第二十条第三款进一步规定："公司股东滥用公司法人独立地位或者股东有限责任，逃避债务，严重损害公司债权人利益的，应对公司债务承担连带责任。"

在本案中，孟×公司和江×公司分别为一人有限责任公司，张某某与王某甲作为其唯一股东，在诉讼中负有举证责任。根据"举证责任倒置"原则，一人公司股东须主动提供足够证据，证明其个人财产与公司财产相互独立。然而，张某某与王某甲均未能提交合法合规、由第三方中立机构出具、具有充分可信度的审计报告。在形式和内容方面，这些报告存在签署人资质不符、财务数据不完整、披露内容不实等问题，因此无法有效排除财产混同的可能性。

同时，法院还考量了公司与股东之间频繁的资金往来，未能提供原始单据支持资金流转的真实性与合理性。在证据缺失的情形下，法院依据“谁主张，谁举证”的基本原则，以及举证责任倒置的法条精神，依法认定两名股东未能完成举证责任，进而适用法人人格否认制度。此原则的适用有效突破了有限责任制度的滥用边界，保护了债权人的合法权益。

此外，在担保函责任认定方面，法院认为其具备法律形式与内容，签署时股东身份明确且担保函条款详尽，视为具备法律效力。江×公司及王某甲关于担保函无效的抗辩因缺乏事实与法律依据而未获支持。综上，法院的判决在法律适用、逻辑推理与证据分析方面体现了较高的司法严谨性。

(4) 对实践的指导意义

本案在司法实践中具有重要的指导意义，尤其是在处理一人有限责任公司、公司股东责任、公司担保等领域具有代表性。首先，对于债权人而言，在与一人公司发生交易时，应对公司治理结构、股东背景、财务情况进行全面审查。尽可能要求对方提供经第三方机构审计的财务报告，并通过合同条款设立风险防范机制，例如明确担保义务、设置保证期间、约定追偿条款等。

其次，对一人有限责任公司的股东而言，应依法履行公司治理义务，严格区分公司财产与个人财产，定期进行合法审计并妥善保留财务凭证。避免频繁的非正常资金往来，防止出现“公司就是我、我就是公司”的事实状态，否则极易被法院适用法人人格否认制度，从而承担高额连带责任。企业主须意识到“有限责任”并非绝对豁免，必须在法律边界内行使股东权利。

第三，在担保责任的认定中，签署具有法律效力的担保函，其约定内容一旦生效即具有法律约束力。任何主张担保无效的抗辩，必须以法定无效情形为依据，并提供充分证据予以支持。企业在签署担保文书时，应充分审慎评估担保义务带来的潜在风险。

最后，法院在本案中展现出对证据规则和法人人格否认原则的灵活运用。对不具备真实独立性的一人公司股东适用连带责任追究，有效遏制了滥用公司法人制度规避债务的行为，体现了法律保护债权人权益与防范虚假企业行为的双重功能。

（5）结论

综上所述，本案充分展示了《公司法》（2018 年修正）第六十三条和第二十条第三款在司法实践中的适用路径，明确了公司与股东之间财产独立性的举证义务边界。法院基于现有证据、法律规定和审理标准，依法对未能举证股东财产独立的情况适用法人人格否认规则，进而判令股东承担连带清偿责任。该裁判结果既维护了债权人权益，也为公司股东划定了合规经营的底线，具有明显的司法警示和法律导向作用。

一人公司的法律风险管理在当前公司治理结构不断复杂化的背景下显得尤为重要。股东、企业负责人、公司法务人员应以本案为鉴，进一步加强对公司财产独立性的维护与审计机制的完善。尤其在提供担保、签署对外合同等高风险操作中，应具备足够的法律意识与合规操作能力，以避免陷入不必要的法律责任。

本案的判决标准也为市场主体提供了明确预期，有助于提升司法公信力，净化市场信用环境，促使企业在合法、合规、透明的轨道中稳健运行。未来在处理类似公司法争议时，司法机关也应继续坚持严格证据审查、依法适用法人人格否认原则的态度，平衡各方利益，确保公平正义在司法实践中真正落地。

【判决核心内容总结】

一审法院认为，本案争议焦点为：蒙×公司是否应偿还煤×公司货款本金并支付违约金；张某某是否对蒙×公司的债务承担连带责任；江×公司是否承担连带保证责任；王某甲、王某乙、盛×公司、中×公司是否应在江×公司承担的保证责任范围内承担连带责任。一审法院经审理后判决：蒙×公司、张某某于判决生效之日起十五日内向煤×公司支付货款××××元及逾期付款损失;江×公司、王某甲对上述债务承担连带清偿责任,其承担连带清偿责任后,可向蒙×公司、张某某追偿;驳回煤×公司的其他诉讼请求。案件受理费、保全费等费用由蒙×公司、张某某、江×公司、王某甲负担。

二审法院认为,本案争议焦点为江×公司、王某甲、张某某是否应对蒙×公司的涉案债务承担相应责任。江×公司为蒙×公司的债务提供了连带责任保证,且煤×公司在保证期间内向江×公司主张了权利,故江×公司应承担保证责任。江×公司、王某甲上诉主张煤×公司套取银行资金转贷以及保证期限已经届满等理由均不能成立。根据《公司法》(2018年修正)的相关规定,一人有限责任公司的股东不能证明公司财产独立于股东自己的财产的,应当对公司债务承担连带责任。张某某作为蒙×公司唯一股东,王某甲在江×公司作出涉案保证函时系其唯一股东,其二人对个人财产独立于公司财产负有证明义务。然而,江×公司、蒙×公司、王某甲、张某某提交的审计报告存在重大瑕疵,不能证明股东财产独立于公司财产,故其应当承担举证不能的不利后果。综上所述,江×公司、王某甲、张某某的上诉请求不能成立,应予驳回;一审判决认定事实清楚,适用法律正确,应予维持。依照相关法律规定,判决如下:驳回上诉,维持原判。二审案件受理费由上诉人张某某负担××××元,江×公司、王某甲负担××××元。

第四节　关于股东是否应承担连带责任的实用判断标准

1. 一人公司股东未提供证据应承担连带责任

在司法实践中,当公司的股东未能提供相关财务和运营证据时,法院往往难以确认公司与股东之间的财务独立性。① 在这种情况下，法院会倾向于判定股东承担连带责任。股东必须按照法律规定的要求提供公司的财务报告、审计报告及其他相关支持性文件。若股东未能履行义务，法院可能会认定其未尽到必要的举证责任，进而难以确定公司是否具备独立的偿债能力。

特别是在一人公司中，由于股东通常同时兼任管理职务，因此公司财务和运营的透明度高度依赖股东之间的合作。若股东未按时提交财务报表或审计报告。在这种情况下，法院可能会推断出股东有意隐瞒公司的财务状况，从而影响债权人对公司偿债能力的判断。此时，法院可能会认为股东有意逃避责任，未能履行其投资和管理职责。因此，他们应当对公司债务承担连带责任。

此外，当公司无法偿还债务且股东未能提供相关证据时，法院通常会认定股东仍需依照公司法履行其责任，比如及时足额缴纳出资并确保公司财产与个人财产相互独立性。由于缺乏必要的财务证据，法院难以明确判断股东与公司之间的财产是否独立，因此无法排除股东滥用公司法人地位的可能性。法院通常会作出有利于债权人的判决，要求股东对公司债务承担连带责任，从而保护债权人的合法权益。

2. 一人公司股东未提供年度财务会计报告并接受审计应承担连带责任

根据《公司法》的相关规定，有限责任公司的股东必须定期提交公司的年度财务会计报告并接受审计。审计报告反映了公司的财务透明度，

① 张景峰：《一人公司股东有限责任探讨》，《河南科技大学学报（社会科学版）》2011年第29卷第5期，第82—86页。

并作为债权人评估公司偿债能力的重要依据。在实际操作中,若股东未能按时提供年度财务会计报告或进行审计,法院通常认定股东未能履行其基本的财务透明度责任。缺少审计报告使法院难以了解公司的实际财务状况,从而增加了债权人追讨债务的难度。

在这种情况下,法院可能会认定股东未能履行其财务披露义务,导致无法有效评估公司的资产和负债情况,从而影响对其偿债能力的评估。首先,当股东无法合理解释为何未依法提交财务报告或进行审计时,法院可能会认定股东刻意隐瞒公司的财务状况,并涉嫌滥用公司的法人地位。这种行为可能反映出股东有意逃避债务责任,从而增加了他们承担连带责任的风险。

在处理此类案件时,法院通常会依据《公司法》及相关司法解释,并结合股东未履行法定义务这一事实,作出有利于债权人的判决。假设股东未按规定提交财务会计报告或进行审计。在这种情况下,法院可能会认定股东有意逃避财务透明度责任,导致公司无法偿还债务,从而对股东施加连带责任。这种做法防止了股东通过未履行财务披露义务来逃避对公司债务的责任,从而保障了债权人的合法权益。

3. 法院要求一人公司股东提供证据的重点——从“财产混同”到“不足以确定财产独立性”的转变

近年来,法院在判定一人公司股东对公司债务的责任时所采取的方法发生了重大变化。过去,法院通常依据“财产混同”理论来判断股东是否应对公司债务负责。根据这一理论,如果公司资产与股东资产之间没有明确区分,导致两者资产相互交织,法院就会认定股东对公司债务负责。然而,随着司法实践的发展,法院的判断标准逐渐从单纯关注财产混同的表象转向审查股东能否证明公司财产独立性的标准。这一转变表明，法院不再仅仅依赖于是否存在财产混同这一因素，而是更加重视证明股东和公司财产独立性的证据。

在这一转变中，法院审理一人公司相关案件时，会更加注重审查该公司财务的透明度、股东是否按时履行了出资义务，以及公司资产是否与股东个人资产相分离等问题。如果股东无法提供充分证据证明财产独立性，或者存在通过资金转移或资产隐匿等方式使公司财产与个人财产混淆的情况，法院通常会认定股东未履行其法定义务，并因此责令其对公司的债务承担连带责任。

这种思维上的转变意味着，在确定股东责任时，法院不再仅仅依据股东与公司财产是否完全分离这一标准。相反，法院更倾向于评估股东是否遵守了《公司法》关于财务透明度和财产独立性的要求。这种变化使确定股东责任更加明确。法院将更加关注股东的行为是否损害了公司财产的独立性，是否利用公司独立地位逃避债务的情况。

这种变化有助于更好地保护债权人的权益，并防止股东通过模糊公司财产与个人财产之间的界限来逃避责任。法院可以根据更客观和公平的标准来决定股东是否应对公司债务承担连带责任，从而有效地防止股东恶意逃避责任。

第五节　在司法实践中对一人公司特殊情形下责任认定的探讨

1. 一人公司股权变更责任认定中的核心争议

一人公司的股权变更在确定公司责任方面意义重大，尤其是在公司债务和债务纠纷方面。股权的变更可能会导致原股东和新股东之间责任分配的复杂争议。在司法实践中，常见的争议在于：股权变更后，原股东是否仍需对公司债务承担责任，或是新股东应承担连带责任。①

首先，法院会审查股权变更的合法性和真实性。股权变更可以基于合理的商业考量，但也可能是为了规避债务责任。② 特别是在公司面临财务危机时，一些股东可能会将股权转让给新的股东，以转移债务责任。若法院查明股权变更存在恶意意图，例如转移资产或故意逃避债务，则原股东仍然可能被要求承担连带责任。

其次，股权变动也可能影响公司的财务状况。例如，原股东通过股权转让或资产调整致使公司的财务状况模糊不清。在这种情况下，法院需要审查股权变更前后公司财务透明度的变化以及股东变动对其偿债能力的影响。若变更后的公司未能改善其财务管理，或者新股东未能履行其投资承诺。在这种情况下，法院可能会认为原股东仍应承担一定的责任。

此外，在审理股权变更案件时，法院还会考虑股东变动的具体情况，包括股权转让的时间和背景，以及是否存在恶意逃债行为。③ 若法院认定股东变动的根本目的在于逃避债务，并因此损害了债权人的利益。则可能基于法人人格否认原则，判令原股东继续对公司的债务承担连带责任。

---

① Moen P.，“A Company of One：Insecurity，Independence，and the New World of White-Collar Unemployment by Carrie M. Lane”，*Anthropology of Work Review*，Vol.33，No.2，2012，pp.131－132.

② 例如，(2021)最高法民申1599号：在“股权转让纠纷再审案”中，法院认定目标公司(广告公司C)及其实际控制人陈某洪故意提供虚假信息、隐瞒真实情况，构成对投资者(某生物公司)股权转让条件的欺诈，并进一步认定原判决，将陈某的欺诈行为视为广东B公司的行为并无不当，本案构成相对方欺诈，广东B公司书面承诺生物公司提交的信息真实亦属欺诈。

③ 例如，(2020)京0113民初6237号：“李某等诉梁某波等执行异议案”：二审法院撤销北京市顺义区人民法院民事判决；在(2019)京0113执8407号执行案中追加陈某柱为被执行人，并在未缴纳出资额(210万元)范围内对韩某、陈某平、李某及北京鸿×××物流有限公司所负债务承担补充赔偿责任。

2. 一人公司类型变更案件中责任认定的主要争议点

在一人公司的类型变更案件中，关于责任认定的争议主要集中于变更后原股东责任的延续性以及这种变更对股东责任的具体影响。一人公司可以根据业务需要将其公司类型从有限责任公司变更为股份有限公司或其他形式。尤其是在尚未完全解决其债务纠纷的情况下，这种变更可能会引发关于股东与公司责任划分的争议，使股东责任的界定更为复杂。

在处理此类案件时，法院通常会考虑公司类型变更前后股东与公司财产之间的独立性，以及他们承担责任的连续性。公司类型的变更可能会影响公司财产与股东个人财产之间的分离程度。① 然而，倘若变更后仍存在股东未履行出资义务、财产混同或股东滥用公司法人独立地位的情形，法院可能会认定股东仍需对公司债务负责。例如，在变更公司类型的过程中，如果股东未能足额缴纳出资，或者公司与股东个人财产无法明确区分，法院可能会依据法人人格否认原则判定股东对公司债务承担连带责任。

在法院审理公司类型变更的案件时，除了关注股东与公司之间财产独立性的变化情况外，还会特别警惕股东是否存在通过变更公司类型来逃避法律责任的行为。如果股东试图通过变更公司类型来逃避对公司债务的责任②，或者在股东身份变更后公司财产与个人财产之间没有明确区分，法院可能会认定这种行为不符合法律规定，并继续追究原股东的责任。

---

① 例如，(2022)最高法民终116号："大理县皇×××旅游开发有限公司、×××旅行社总社西北有限公司等建设工程合同纠纷案"，原股东与受让股东共同担责。

② 例如，江门市中级人民法院(2020)粤07民终482号、佛山市中级人民法院(2019)粤06民终8674号。

本质上，股东责任的核心在于其行为，而非公司形式的表面变更。如果法院发现股东的行为不当，如股东未能明确划分公司财产与个人财产，或者滥用公司的法律独立性，[①]无论公司类型如何变更，基于保护债权人合法权益的原则，法院很可能会继续让股东个人承担责任。

3. 一人公司股东是否能以连带责任的形式穿透多层公司架构

一人公司股东是否能以连带责任的形式层层穿透公司架构，这一问题在法律理论与实践中均具有重要意义。这一问题的核心在于，股东是否通过复杂的公司架构使用不当手段并滥用公司的法人独立性来逃避债务责任。在实际审判中，法院分析股东是否滥用公司独立性时，会依据一系列法律原则和案例，尤其是“揭开公司面纱”原则。[②]

（1）公司架构的滥用及责任穿透条件

在某些情形下，股东可能会试图通过设立多个关联公司、构建复杂的层级式公司架构，或通过资产重组、股权转让等方式在公司之间转移资产和债务，从而实现责任穿透。此时，法院会查明股东是否恶意利用公司的独立法人地位来规避债务责任。例如，股东将资产从一家子公司转移到另一家关联公司，或将个人财产与公司财产混同，导致债权人无法确定公司与股东之间的财产界限。法院通过调查公司财务报表、股东决议和银行交易记录等证据，分析股东是否故意实施了这些不当行为。

（2）“揭开公司面纱”原则的应用

“揭开公司面纱”原则是法院用来处理公司法人人格独立性被滥用问

① 案号：(2021)最高法民申 2177 号：京×食品集团有限公司诉临×海×置业有限公司、王某等股权转让合同纠纷案——目标公司为自身股权转让款支付提供担保的效力认定。

② 李建群：《逆向刺破公司面纱的实证研究》，《国际社会学前沿杂志》2023 年第 5 卷第 14 期，第 110 页。

题的手段。在这些情形中,法院会打破公司与股东之间的法律隔离,直接追究股东的个人责任。在运用这一原则时,法院不仅查明股东是否控制公司,还会审查股东是否隐匿公司资产、挪用公司资金或通过其他方式逃避公司债务。若股东通过复杂的关联公司结构或非法手段操纵公司,导致公司与股东之间的财产界限模糊。法院可能会追究不同层级上的股东责任,从而逐步穿透股东责任。

(3) 法律的特殊规定及股东责任的扩大

许多国家对于一人公司及其股东都有更为严格的责任规定。例如,在我国,《公司法》要求股东履行出资义务,并确保公司财产与个人财产相互独立。若某股东未能履行该义务,并且在面临债务问题时无法证明其与公司资产的独立性。法院可能会要求该股东对公司债务负责。在多层级公司结构中,股东不仅可能要对一人公司债务负责,还可能需要对复杂股权结构产生的债务承担连带责任。如果股东试图通过更为复杂的公司结构逃避债务,法院将通过“揭开公司面纱”的原则要求其承担个人责任。

(4) 逐层穿透连带责任层所产生的法律后果

当法院认定股东滥用公司的独立性,通过复杂的公司架构隐瞒或转移责任和资产时,股东的连带责任不仅限于他们直接控制的公司。可能在多个公司之间相互穿透。也就是说,股东可能需要为多个公司承担债务责任,而不仅仅是他们直接经营的公司。例如,当一家公司的股东控制多家公司,并利用这些公司进行债务或资产转移时,法院会根据实际情况确定这些公司中股东的连带责任。这种责任的延伸能够有效地防止股东利用多层次的公司结构逃避债务,确保债权人能够从多个公司层面追回债务。

(5) 保护债权人的利益

允许股东之间的连带责任在不同公司之间相互穿透,能够有效防止股东利用公司的法律独立性逃避债务责任。这种做法的核心目的在于保护债权人的权益，防止股东通过建立复杂的公司结构、伪造财务报表或非法转移资产等方式逃避责任。法院采取这一做法有助于确保债权人即便面对复杂的公司结构也能依法收回债务，维护其合法权益。

4. 夫妻公司与一人公司的责任适用问题

在确定夫妻公司中个人的责任时，法院的审判标准涉及多个方面。

首先，股东身份的界定是法院判定是否适用个人公司责任标准的关键。当夫妻共同经营一家公司时，尤其是当双方对公司的运营拥有完全控制权并依赖其运营时，很容易出现股东身份不明确的情况。如果夫妻在公司运营期间未能明确各自的责任和权利，或者没有对公司财产和个人财产进行明确区分，法院可能会认定一方股东控制了公司，进而适用一人公司责任的判定标准。法院通常会特别关注夫妻是否对公司的运营拥有完全控制权以及是否存在实际的“单一控制”特征。①

其次，法院还将审查夫妻公司是否存在资本不足和财产混同的问题。关于资本不足的问题，如果夫妻双方股东未能按照规定或及时履行出资义务，导致公司无法偿还债务，法院可能会要求他们承担连带责任。对于财产混同，如果夫妻双方未能有效维护个人财产与公司财产的独立性，尤其是在财务流向上不明晰或者个人资产与公司资产相互交织的情况下，法院可能会认为这种行为严重侵蚀了公司法人独立性，并决定按照一人

① (2024)苏民终414号：江苏省高级人民法院二审认为，根据《最高人民法院关于民事执行中变更、追加当事人若干问题的规定》第二十条，若作为被执行人的一人有限责任公司财产不足以清偿生效法律文书确定的债务，且股东不能证明公司财产独立于自己财产的，人民法院应支持申请人追加该股东为被执行人并对公司债务承担连带责任的请求。本案中，刘某与陈某虽为夫妻，但作为金某公司的股东，显然不符合《公司法》(2018年修正)第五十七条第二款“仅有一个自然人股东”的情形，故金某公司不属于一人有限责任公司。

公司责任标准来处理夫妻公司。

若法院认定夫妻双方股东滥用了公司的法律独立性，如非法将公司资产转移至个人账户、通过不当财务操作逃避债务，或者故意混淆公司财务状况。法院可以依据“揭开公司面纱”的原则直接追究股东的个人责任。这一原则使法院能够在公司滥用其法律独立性的情况下揭开公司与股东之间的法律面纱，从而让夫妻双方股东承担连带责任。

此外，法院还会查明是否存在恶意操作或债务规避行为。如果夫妻双方股东通过恶意资产转移、操纵股权转让、虚假交易等方式隐瞒公司财务状况，导致公司无法偿还债务，那么法院也会对此进行审查。法院将依据有关一人公司股东责任的相关规定，判定夫妻双方股东应对公司的债务承担连带责任。法院将根据夫妻公司是否存在规避债务的行为来决定是否将其视为一人公司，并适用一人公司股东承担责任的标准。

法院特别重视保护债权人的合法权益。例如，夫妻股东可能会滥用公司法人独立性来逃避债务责任。法院可能会扩大股东责任的范围，以确保债权人能够有效收回公司债务。这有助于防止夫妻公司借助复杂的股东结构来逃避债务，维护市场经济中的公平与法治。

在一些特殊情况下，法院可以根据具体情况调整确定责任的标准。例如，当夫妻公司涉足具有特殊法律保护措施的特定行业或业务，或者约定的债务承担方式存在特殊规定时，法院可能会调整责任标准。然而，无论具体情况如何，法院始终会坚持保护债权人的利益，并确保公司与股东之间的财务独立性不会被滥用。笔者认为夫妻关系是法律中典型的个人关系。夫妻公司适用的观点也适用于具有类似股东关系的公司。这类公司被视为“实质性的一人公司”。例如，父子关系、兄弟关系以及其他突破普通股东身份界限、具有强信任关系的公司。

第二部分 | 董事对第三人责任的性质分析与法律依据：中国《公司法》的发展与全球视角

新修订的《公司法》借鉴国外立法经验并结合国内司法实践，对公司董事执行职务造成损害的赔偿责任作出了专门规定。但条文表述的模糊性及主客体范围界定不清，在适用过程中仍存在诸多问题。该条款的具体适用要件尚需结合立法本意和司法实践进一步厘清和阐释，例如：责任的性质与依据为何、董事责任的构成要件如何判定、责任的边界如何划定等。

第二部分采用了案例比较法和域外理论对照法，结合国内外相关司法案例中的问题及解决经验，对新《公司法》中董事责任制度的合理性和归责逻辑进行了分析并提供了法理依据，同时，该部分还总结了我国《公司法》在该制度上存在的问题。通过法律解释并结合相关案件审判经验，对比国内外司法审判就该制度的裁判逻辑，提出优化我国公司制度的创造性举措，探索具有中国特色的路径。

第一章
中国公司股东对第三人责任制度的历史演进

第一节　董事对第三人责任的法律制度变迁

2023年12月29日，全国人大常委会修订通过了《中华人民共和国公司法》(以下简称《公司法》)。本次修订在第一百九十一条、第一百九十二条中就董事对第三人的责任作出了专门规定，在第二百三十二条及第二百三十八条中强化了董事的清算责任。其中，第一百九十一条和第一百九十二条为新增的履职相关条款：第一百九十一条规定董事、高级管理人员仅在故意或重大过失情形下担责；第一百九十二条则规范控股股东、实际控制人指使董事、高级管理人员损害第三人利益时的责任承担。第二百三十二条与第二百三十八条主要规定董事的清算义务，在这两条中董事分别承担清算义务人与清算组成员两种不同法律角色——第二百三十二条明确董事作为清算义务人时，负有“在解散事由出现之日起十五日内组成清算组进行清算”的义务；第二百三十八条着重强调董事作为清算组成员的忠实勤勉义务，规定清算组成员未及时履行清算职责造成公司损失时应承担赔偿责任，因故意或重大过失给债权人造成损失的还应承担相应责任。上述条款中，仅第一百九十一条与第一百九十二条在我国公司法中首次系统性确立董事对第三人损害的赔偿责任制度。① 学界认为，该制度的确立旨在强化董事履职责任，通过提升董事行为的规范水平来保障公司整体利益。②

关于董事责任分配的讨论由来已久。我国《公司法》对董事是否应向第三人承担责任的认识经历了一个从完全否定到例外承认的演变过程。1993 年《公司法》制定时，受传统法人理论影响，强调公司法人独立责任原则。承担责任后可以向有过错的负责人追偿，董事仅对公司负责。这一制度设计使董事可以利用《公司法》漏洞，在实践中出现董事故意造成公司财务损害却由公司承担责任的情形。2004 年 1 月，经济合作与发展组织(OECD)颁布新版《公司治理准则》，对加强董事会民主性、独立性及社会责任提出新要求。在此背景下，国内“股东会中心主义”逐渐向“董事会中心主义”演进。③ 随着董事在公司中的权力不断扩大，部分学者开始主张董事应对第三人承担民事责任，并建议增设相关条款。④ 2021 年起，我国《公司法》第六次大规模修订启动。⑤ 至 2023 年，《公司法》(2023 年修订)第一百九十一条[《公司法(修订草案)》第一百九十条]首次以一般条款创设了董事对第三人的民事责任。⑥ 围绕该条款的创设必要性、法理依据及适用标准等问题，早在《公司法(修订草案)》征求意见阶段便引发学界激烈争论，迅速成为公司法领域的学术热点。

---

① 刘道远：《董事对第三人责任之法律依据与规范解释》，《比较法研究》2024 年第 2 期，第 92 页。

② 南玉梅：《论董事对第三人的责任》，《荆楚法学》2024 年第 3 期，第 27 页。

③ 吴建斌、吴兰德：《试论公司董事对第三人责任的性质、主观要件及归责原则》，《南京大学学报(哲学·人文科学·社会科学版)》2005 年第 1 期。

④ 王保树：《中国公司法修改草案建议稿》，社会科学文献出版社 2004 年版。

⑤ 郭富青：《我国公司法设置董事对第三人民事责任的三重思考》，《法律科学(西北政法大学学报)》2024 年第 1 期，第 155 页。

⑥ 刘道远：《董事对第三人责任之法律依据与规范解释》，《比较法研究》2024 年第 2 期，第 92 页。

1997 年，《海南经济特区股份有限公司条例》（已于 2011 年 5 月废止）已作出相关规定。该条例第一百零六条规定："董事执行职务时有重大过失，给第三人造成损害的，应当与公司承担连带赔偿责任。"这一规定确立了董事外部责任的雏形，并将该责任的适用条件限定于董事存在重大过失的情形。

在 2023 年《公司法》修订前，我国法律对董事向第三人承担责任缺乏明确规定。在此立法空白下，外部债权人欲直接追究公司董事责任往往面临重大法律障碍——其请求权基础难以获得成文法的支撑。① 在某典型案例的二审裁决中，法院明确指出：《公司法司法解释（二）》第十八条仅规范有限责任公司股东义务，其责任主体范围并未涵盖案涉情形下的董事，故最终判决董事对债权人免除赔偿责任。该判决凸显了修法前董事对第三人责任制度存在的法律漏洞。

关于是否应在中国《公司法》中创设董事对第三人责任条款，学界存在支持与反对两派观点。反对论者的理由主要包括：第一，董事对第三人责任违背公司独立法人原则。公司具有独立法人人格是公司法的核心原则，也是公司制度运行的前提。② 在此原则下，即使第三人受损，其能向公司主张赔偿。第二，从董事权责平衡的角度来看，董事受公司委托从事经营管理活动，不需要对任何第三人负有注意义务。因董事与第三人之间不存在直接法律关系，若要求董事对第三人承担责任，将导致其权责失衡。③ 董事履行职责是为公司谋利，受益人理应承担全部后果。如果仅因履职不当即追究行为人责任，则有违权利义务对等原则。第三，公司

① (2016)粤 0606 民初 417 号民事判决书。

② 《董事信义义务之完善：董事是否对第三人承担责任?》，2022 年中国法学会商法学研究会年会第三分论坛"会议简报"，第 9 页。

③ 李东阳：《论董事对第三人的责任——以〈公司法（修订草案）〉第 190 条为中心》，《北京理工大学学报（社会科学版）》2024 年第 1 期，第 112 页。

责任财产通常更为充足。在实践中,公司往往具备更强的责任财产基础和综合偿债能力,强制偿债能力较弱的董事对第三人担责实际意义有限。① 支持论者则主张,董事对第三人承担赔偿责任的目的在于防止董事滥用职权,保护公司债权人利益。②

第二节 董事对第三人责任规则的适用争议

然而,《公司法》(2023 年修订)第一百九十一条在立法审议过程中已引发广泛争议。关于董事对第三人责任的理论基础与法律适用,学术界与司法实务界尚需长期探索方能达成共识。从法律逻辑角度来看,董事对第三人承担责任的法理依据是什么?其责任性质是属于《公司法》特别规定的责任形态、侵权责任的特例,还是兼具双重属性的复合义务?理论层面的争议将深刻影响第一百九十一条的司法适用——对董事第三人责任性质的界定,直接决定董事履职行为标准,且关乎其责任构成要件的认定。具体而言,董事对第三人责任的适用范围如何划定?其责任构成要件包含哪些要素?责任承担形式又应如何确定?这些问题是在 2023 年《公司法》颁布后亟待解决的适用难题。

董事对第三人责任条款的具体适用,有赖于精准把握该制度构成要件及适用范围等要素。当法律规定不够明晰时,更应结合立法原意与社会环境来消弭解释分歧。有鉴于此,第二部分将从解释论视角出发,进一

① 李东阳:《论董事对第三人的责任——以〈公司法(修订草案)〉第 190 条为中心》,《北京理工大学学报(社会科学版)》2024 年第 1 期,第 112 页。

② 王小翠:《董事对第三人责任的理论证成与标准重构——评〈公司法(修订草案三次审议稿)〉第 191 条》,《特区经济》2024 年第 2 期,第 118 页。

步厘清该制度的具体要素——包括适用对象与责任范围等核心问题，以期通过对董事责任条款的合理适用，在董事与第三人之间划定合理责任边界，防止董事责任不当扩张。

第二章
董事对第三人责任要件的解构

第一节　董事与第三人概念界定

董事的法律界定通常是指经股东(大)会选举产生,依据法律和公司章程授权对内管理公司事务、对外代表公司开展经济活动的主体。在我国新《公司法》的语境中,董事采用广义概念,“高级管理人员”被纳入董事责任体系。① 董事处于公司治理核心地位,履职行为应以公司利益为根本遵循。

除实质董事外,尚存在仅具形式意义的董事,包括名义董事与事实董事。② 此类主体仅具董事之名,其履职行为并非出于董事自身意志,实为实际控制人的代言人。关于其能否被认定为真正的董事以及应否对第三人承担责任,学界争论已久。

在学术界,名义董事与事实董事是两类具有重要理论价值的董事形态。③ 名义董事虽经法定程序选任,但实为“徒具其名而不行其实者”,具体指放弃大部分或全部重要董事职权的特殊身份主体。④ 该现象源于公

① 刘贵祥:《新〈公司法〉适用中的若干问题》,《法律适用》2024 年第 6 期,第 3 页。

② 南玉梅:《论董事对第三人的责任》,《荆楚法学》2024 年第 3 期,第 32 页。

③ 同上注,第 27 页。

④ St. John A. Robilliard, “How Nominal is the Liability of ‘Nominee’ Directors?”, *Trusts & Trustees*, Volume 1, Issue 10, 1995, p.27.

司声誉需求与董事逐利动机的双重作用。在实践中，许多名义董事并未参与公司对第三人的重大决策，因此有学者主张此类董事不应对外担责。另有学者虽结论相同但理由相异——他们认为若全体股东同意，可视为股东预先放弃代表诉讼权，故董事与公司间的免责协议有效。然而，该免责协议仅具有相对效力，不得对抗公司债权人的利益。但笔者认为，此类免责协议因缺乏强制执行力且涉及第三人利益，应属无效①，故“名义董事不对第三人担责”的观点难以成立。相反，主流观点主张名义董事应对公司及第三人承担双重责任：其一，其董事身份基于与公司的特定关系而产生，任命合同的效力不应随意变更他人责任；其二，新《公司法》不支持创设无责任董事，否则将损害第三人利益并诱发权力滥用，此乃多数学者坚持名义董事应担责的核心理由。

第二种类型被称为事实董事，在实践中也被称作“影子董事”，指的是虽未与公司形成正式委任关系、不具有公司机关身份，但实际对公司施加支配性影响的控股股东或实际控制人。② 在实践中表现为决策实质由控制人作出，即控制人借董事之名行公司经营之实。我国新《公司法》第一百九十二条规定，当公司控股股东、实际控制人利用其影响力指使董事损害公司或股东利益时，应对公司或股东所受损失与董事承担连带责任。此处“影响力”并非指董事的形式职位，而重在考察其对商业执行权的实际掌控。③ 因此，如果事实董事的行为符合第一百九十二条的要件，则应当适用该条规定。

---

① In case 1843, September 30, 2003, Tokyo high court.

② 齐砺杰：《董事对第三人责任条款的理解与适用辩难》，《中国政法大学学报》2022年第5期。

③ 刘俊海：《论实际控制人作为影子董事的民事责任：以新〈公司法〉第192条解释为中心》，《法律适用》2024年第8期，第1页。

第二节　第三人的法律界定

关于第三人的界定，《公司法》条文通常未明确其实际内涵，多以“他人”指代。在学理层面，“第三人”可定义为“董事履职行为直接侵害的非合同相对方”。① 就具体范围而言，大陆法系与普通法系存在显著差异：大陆法系主要限于债权人、股东等特定主体，普通法系则采取更宽泛的界定标准，更强调董事的社会责任。若依文义解释，第三人范围应涵盖董事及公司之外的所有主体，这与美国公司法学说颇为近似。②

普通法系对第三人的界定模式，并不适合我国的社会条件和法律环境。社会责任是普通法系特有的法律产物，而我国新《公司法》主要调整的是公司内部法律关系。相较于大陆法系，我国新《公司法》语境下的“第三人”具有特殊内涵——在笔者看来，应限缩解释为债权人群体。理由如下：其一，基于我国《公司法》的特殊性，其着重规范董事与第三人间的外部关系。由于新《公司法》已经就董事对股东的侵权责任设有专门制度，因此无须再将股东纳入此范畴。此外，职工等与公司存在关联的主体向董事主张赔偿时，其请求权基础仍然是债权债务关系，因此应该归入债权人范畴。其二，将责任对象限定为债权人，既便于判定受损权益范围，也有利于责任分配机制的运作。③ 这是我国将第三人界定为债权人的法理依据。

关于董事对第三人责任的内涵界定，我国学界已形成相对统一的认

---

① 李建伟：《董事信义义务的新发展：公司法修订的可能突破》，学术会议论文，2022年12月1日。

② 姜惠琴：《董事对第三人的责任》，《法学杂志》2006年第6期，第118页。

③ 王长华：《董事对公司债权人的责任研究》，法律出版社2020年版。

知。王保树教授认为，董事对第三人责任系指“董事执行职务时存在重大过失，导致第三人受有损害”应承担的民事责任。① 谢怀栻教授则进一步阐释为：董事代表公司执行职务时，因怠于履行职责致他人损害，应对该他人承担赔偿责任。（上述观点具有时效性。）

其法律内涵可界定为：该责任产生于董事履职过程中，这意味着董事行为可视为公司行为的组成部分，是公司权力的具体行使。其构成需具备以下客观要件：存在对第三人的加害行为、实际损害结果已发生，以及损害结果与董事行为之间存在相当因果关系。

第三节 公司、董事与第三人间的法律关系

研究公司董事对第三人的责任，须首先厘清公司、董事与第三人之间的法律关系。公司与董事之间构成以委托代理为框架的内部法律关系，公司与第三人之间则形成外部法律关系。当第三人因董事行为受损时，若仅由公司承担责任，实则割裂了内外法律关系的结构性关联——既破坏了法人独立责任与个人责任的界限，又将董事与公司混同为单一责任主体。此种制度设计可能导致董事将不良后果转嫁给公司，进而对其侵害第三人权益的行为失去制约。通过构建法律框架，董事与第三人之间得以建立直接责任纽带，使董事在特定情形下须独立对第三人承担责任。董事对第三人责任的性质，实质上突破了传统理论中董事与第三人仅存间接联系的桎梏，创设了新型直接责任关系，进而重塑了公司对第三人造成损害时公司与董事之间的责任分配规则。

---

① 王保树主编：《中国公司法修改草案建议稿》，社会科学文献出版社 2004 年版，第 147 页。

第四节　责任成立要件：故意与重大过失

董事的主观过错——故意或过失，源于其“职务懈怠”或“加害行为”的主观状态。我国学界对董事第三人责任的主观要件存在“职务懈怠说”与“加害行为说”的理论争议。① 职务懈怠说（又称法定责任说）主张，重大过失的判断对象应为董事违反勤勉义务的职务行为。该说认为，董事作为公司受任人，其勤勉义务主要对公司承担。② 若因重大过失导致第三人受损，即证明存在职务懈怠行为，此时第三人需证明董事存在故意或重大过失的职务违法行为，而非证明对第三人的侵害故意。

与之相对的是加害行为说。该学说主张，在适用董事对第三人责任制度时，故意或重大过失的判断对象应为董事对第三人直接实施侵害行为。其法理基础在于：从团体事务高效执行的角度考量，对团体事务执行机关的轻微过失应予以包容，否则将过度加重董事的责任焦虑，反而不利于其有效履行职务。因此，董事对第三人责任制度将主观过错严格限定于故意或重大过失，以合理控制董事的责任范围。

---

① 刘道远：《董事对第三人责任之法律依据与规范解释》，《比较法研究》2024 年第 2 期，第 92 页。

② 李东阳：《论董事对第三人的责任——以〈公司法（修订草案）〉第 190 条为中心》，《北京理工大学学报（社会科学版）》2024 年第 1 期，第 112 页。

第三章
董事对第三人责任的全球立法体例与法理基础

关于董事应否对第三人承担责任的问题，在全球范围内长期存在理论争议，支持派与反对派就责任的法理基础及适用情形持不同立场。以法国为例，其《公司法》最初规定管理层(含董事)对第三人的责任具有独立性与例外性——原则上公司承担责任，唯在特殊情形下第三人可依《法国民法典》第 1382 至 1386 条侵权规则向管理层求偿。然而，法国最高法院通过判例逐步否定了该立场，其指出“仅凭行为属于公司侵权或准侵权，并不必然推导出管理层存在个人过错”。① 公司法人人格是抵御不当诉讼的天然屏障。在 1998 年 4 月 28 日的判决中，法国最高法院进一步提出适用“可分离过错规则”(règle de la faute détachable)——“除非董事过错可与公司职务行为分离且可归责于其个人，否则不得要求董事对第三人担责”。② 该规则成为区分董事个人过错与公司过错、限定董事责任范围的重要标准。

全球范围内存在众多支持董事对第三人责任的理论，且支持者间对责任的法理基础存在分歧，主要可划分为四种观点：第一种观点为信义义务扩张理论，该理论源于英国用益制度，以忠实义务与勤勉义务为核

---

① Cass com., 14 Janvier 1992: JDA 1992, n° 627; Cass com., 28 avril 1988: Bull joly 1999, n° 139.

② 郑佳宁:《法国公司法中管理层对第三人的责任》,《比较法研究》2010 年第 6 期，第 61—62 页。

心内容。① 信义理论作为普通法系的标准理论，原本仅规范董事与公司的关系，要求董事为公司整体与长远利益行事，而非特定股东或公司外第三人。然而，普通法系各国在信义理论指引下发展出不同救济路径：韩国采取信义义务扩张立场，《韩国商法典》第 401 条规定："董事因故意或重大过失懈怠职务时，应对第三人承担连带赔偿责任。"在 77743 号判例中，首尔中央地方法院认定：当董事因故意或重大过失损害股东权益时，受害股东可依第 401 条直接起诉失职董事。② 加拿大则限缩责任范围，在"丰业证券有限公司诉大众珠宝商有限公司案"中，安大略省上诉法院确立董事仅对"欺诈、欺骗、不诚实或僭越职权行为"担责③。随着公司法理论的发展，20 世纪中后期，董事义务在破产领域呈现扩张态势。澳大利亚"金塞拉诉罗素·金塞拉私人有限公司案"确立：当公司处于破产特殊状态时，债权人有权通过清算机制要求董事不得处分公司财产。④ 无论大陆法系还是普通法系，在公司破产或濒临破产时要求董事对第三人承担信义义务，已经成为相对一致的实践。近年来，美、英、澳等普通法国家通过判例进一步确认：公司进入破产或濒临破产状态时，董事须对第三人承担责任。

第二种观点为公司机关理论，该理论在中国台湾地区广为流行。董事兼具公司职务担当者和独立法律主体的双重身份，其在一定范围内为公司义务承担个人责任。中国台湾地区学者将此种理论归纳为"法人机关责任连带说"。笔者认为，该理论创新性地重构了董事与公司间的传统

① 郭富青：《我国公司法设置董事对第三人承担民事责任的三重思考》，《法律科学（西北政法大学学报）》2024 年第 1 期，第 155 页。

② The Seoul Central District Court, Judgment of 4 February 2009, 2007Ga-Hap 109997 (Trial Decision).

③ ScotiaMcLeod Inc. v. Peoples Jewellers Ltd., 1995 CanLII 1301 (ON CA), 26 OR (3d) 481 (CA), (1995).

④ Kinsela v. Russell Kinsela Pty Ltd., 4 NSWLR 722, (1986).

法律关系，通过立法确立董事与公司的连带责任机制，其核心特征在于董事责任具有限定性。

连带责任的法理基础——中国台湾地区理论着眼于董事的双重法律身份：既作为法人意志的表达者（基于法定委任关系），又作为独立法律主体。日本虽同样采纳该理论，但通过除外条款限制责任范围。① 根据《日本公司法》第 429 条第一项规定，董事对第三人直接承担责任仅属法定例外情形。② 通常情况下，董事执行职务导致第三人损害时应由公司承担赔偿责任，《日本公司法》还明确列举了董事应对第三人担责的除外情形。③

例如，《日本公司法》第 429 条规定："董事执行职务时存在恶意或重大过失的，应对第三人承担损害赔偿责任"；第 430 条进一步规定：若某董事的行为造成他人损失，其他董事与具体实施该行为的董事承担连带赔偿责任。《日本民法典》第 40 条明确规定："法人应就其董事或其他代理人执行职务对他人造成的损害承担赔偿责任。"若法人超出其目的范围的行为造成他人损害，实施该行为的成员、董事或代理人应承担连带赔偿责任。此外，《日本公司法》第 429 条第 2 项明确列举了责任对象及免责情形，其最终规制目标仅限于董事滥用权力的行为。根据《日本公司法》，董事对第三人承担责任须满足一些必要条件。符合上述条件之一的，董事应当对第三人承担责任。

日本多数学者持相同见解，认为董事应与法人承担连带责任，且责任范围应限于对第三人的损害。就责任限度而言，笔者主张损害应限定为

---

① Robert W. Dziubla, "Enforcing Corporate Responsibility: Japanese Corporate Directors' Liability to Third Parties for Failure to Supervise", 18 *Law in Japan* 55, 1985.

② 陈景善：《董事对第三人责任认定与适用中的问题——以日本法规定为中心》，《比较法研究》2013 年第 5 期，第 93 页。

③ 同上注。

“直接损害”，理由如下：首先，从实务操作层面来看，直接损害与间接损害的界限难以明确界定，且后者常包含无法量化的无形损失。① 相较而言，直接损害更易判定。其次，从立法目的层面来看，该责任作为例外形式，隐含了董事责任的有限性。《日本公司法》旨在禁止董事权力滥用，而非加重董事负担，②故应以直接损害为限。③

第三种观点被称为雇主责任理论，该理论认为若雇员为雇主从事经营活动而侵害第三人利益时，雇主应对雇员造成的损失承担侵权责任。该理论在普通法系国家广为流传，其将董事视为“具有控制权的雇主”，下属经理则作为雇员履行职责。控制权究竟为何？该理论认为，只有当董事拥有公司经营管理权且具备与雇主同等地位时，方可认定其具有控制权。当下属经理对第三人造成损害时，董事可能会对第三人承担责任。中国多数学者支持此理论，认为公司高级管理者通常被推定为拥有控制员工行为的必要权力，故应就此负责。但该理论存在缺陷：首先，董事身份仅是反映“控制权”的单一因素，不足以作为认定“雇主”身份及履行雇主义务的充分依据。依笔者之见，控制权意味着董事意志具有足以导致侵权的强势影响力，且下属行为应归责于董事行为。例如，当董事批准、授权、命令或导致公司实施侵权行为，或对授权行为是否构成侵权漠不关心时，其个人应对侵权受害者承担责任。

第四种观点称为董事守法义务理论。④ 该理论认为，董事责任的法理基础源于《公司法》，新《公司法》重构了董事义务体系，构建起董事义务制度。这一理论植根于《中华人民共和国民法典》和《公司法》原则。根

---

① Japanese Civil Code Article 40.

② Robert W. Dziubla, “Enforcing Corporate Responsibility: Japanese Corporate Directors' Liability to Third Parties for Failure to Supervise”, *18 Law in Japan 55*, 1985.

③ Ibid.

④ 邹海林：《公司法上的董事义务及责任分配》，《法律适用》2024 年第 2 期，第 44 页。

据我国《中华人民共和国民法典》，平等原则作为基本原则之一，要求依法确定各方权利义务并承担民事责任。依此原则，董事对第三人责任体现在：为避免公司与董事间责任分配不公，公司必须就董事的故意或过失行为对第三人造成的损失承担全额赔偿责任。新《公司法》确认了公平原则，保障了董事的公平义务。

另一方面，这也体现了公序良俗原则，因为在《公司法》修订前，即便董事对第三人造成损害，他们仍可逃避责任，这导致了不良的商业环境和社会道德风气。而修订后，董事需承担责任，第三人得以从董事处获得赔偿，这符合良好的社会环境要求。此外，《公司法》也有相关规定，如原《公司法》第一百四十七条规定公司应当遵守法律。但守法义务原本是混合性的，相关条款甚至未将其与董事的忠实义务和勤勉义务加以区分，导致其被忠实义务和勤勉义务所吸收，使董事的守法合规义务未能发挥应有的作用。新法则将其完全分离，并将董事的守法义务作为董事义务体系中最基础的义务。董事义务的形成逻辑及其层次结构表明，董事的守法义务、忠实义务和勤勉义务，以及由法定义务扩张而形成的清算义务，具有不同特性且相互独立。相应地，与董事义务相匹配的责任制度将承担落实董事义务的多元化目标，并为科学配置董事责任提供路径指引。基于董事守法合规义务的要求，违反该义务的法律责任已突破公司范畴延伸至债权人，这与《公司法》中董事对公司承担的忠实义务和勤勉义务存在显著差异，完全突破了原《公司法》对董事责任的保护范围。

中国多数学者已广泛接纳第四种理论，原因在于相较于前三种理论及其他国家的实践，该理论更具合理性与逻辑性。毕竟，在中国，民法与商法构成了统一且不可分割的体系，因此中国民法的基本原则明确规定董事应承担他人责任。具体而言，新《公司法》不仅在第一百七十九条中将董事的守法合规义务从原有的忠实义务与勤勉义务体系中剥离出来，于第一百八十八条明确规定，董事、监事及高级管理人员在履职过程中若违反法律、行政法规或规章之规定，并给公司造成损害的，应当承担赔偿责任。这些法规要求董事必须依法履行职责。其次，关于守法合规义务的法理基础，也能阐释董事因违法侵害第三人权益时需对第三人承担责任的要求。

对于《公司法》中关于董事对第三人责任的四种理论而言，中国可从中汲取有益经验。首先，这些理论都致力于解决公司法人独立性与董事责任之间的长期冲突。它们均未否定公司法人的独立地位，而是借助法人身份这一法律构造，将董事行为视作公司行为的一部分，同时赋予董事双重身份——既作为公司管理层的组成部分，又保留其作为独立个体的法律地位。公司得以将董事行为纳入自身行为范畴，这为董事对第三人承担责任提供了法律基础。其次，责任在此处具有双重解读空间。董事对第三人所负的责任，既源于其作为公司高级管理人员的职务身份，也源于其作为独立个体的法律责任。因此，董事行为具有自然人行为与法人行为的双重属性。试想，若董事在履行公司职务过程中，以独立个体身份（同时兼具董事职责）故意或因重大过失损害第三人利益，则此种主观过错状态即构成董事侵权的核心要件。由此可见，尽管这些理论所依托的法律基础各不相同，但均能切实支撑“董事在特定范围内对第三人负有责任”这一观点。

概言之，上述所有理论均植根于法律原则或单纯法律关系（亦称契约关系）的逻辑脉络。中国《公司法》尚处于发展初期，其制度构建深受国家政策导向影响，旨在快速响应经济领域的迫切需求。在此背景下，第四种理论观点与现行法律的发展需求相契合。然而，如何厘清该理论所对应的法律本质属性，以及守法合规理论如何与董事对第三人责任的本质相适配，仍是亟待解决的学术命题。下文将围绕此核心问题展开探讨。

第四章

全球视野下董事对第三人责任的本质探析

对董事向第三人承担责任的本质进行探究，其核心目标在于溯清责任产生的根源，而这一根源深植于不同法律关系之中。对法律关系解读差异，本质上源于理论视角的多元性。因此，本部分将系统梳理相关理论学说，并择取与“守法合规理论”最为契合的框架进行匹配分析。不过，在此之前，需优先阐明董事对第三人责任本质研究的重要性。首先，厘清董事对第三人责任的本质具有不可替代的必要性。其首要价值在于通过科学界定该责任的属性，明确其在法律体系中的功能定位与效力边界。如前所述，我国立法增设董事对第三人责任条款的核心目标在于防范董事权力滥用风险并保障债权人利益。而这一立法功能的实现，有赖于对该条款进行科学阐释与精准定位。具体而言，明确董事对第三人责任的本质属性，有助于划定董事行为边界，使其在维护债权人利益与履行自身职责之间实现动态平衡。

其次，科学理论对实践具有重要的指引价值。美国大法官奥利弗·温德尔·霍姆斯曾言：“法律的生命不在于逻辑，而在于经验。”在公司法领域，董事兼具双重身份：作为公司经营管理者，负有履职之责；作为公司利益关联者，其享有收益之权。此双重身份的叠加，使董事利益与公司利益在多数情形下趋于一致，其自身风险也与公司命运深度绑定，因而董事往往倾向于审慎经营以维系公司存续。然而，董事对第三人权益的认知与责任意识却存在显著缺位。在司法实践中，第三人权益边界与董事责任界定的模糊性,共同构成了责任规避的灰色地带。在此情境下,董事可能因疏忽大意而无意间侵害第三人合法权益,也可能出于谋取个人或公司私利之目的,蓄意实施侵权行为。此类现象的根源,在于董事对第三人权益保障义务的漠视,以及法律规范未能为其划定清晰的行为红线。

因此,只有厘清董事对第三人责任的理论基础,董事才能明确权责边界,科学预判自身行为的风险与责任归属,进而依法合规地专注于公司经营。在科学明晰的理论指引下,董事得以更规范地运营公司,避免侵害第三人合法权益,实现新《公司法》规制董事权力滥用的立法目的——该理论澄清对公司法、董事及第三人产生的积极影响与重要价值即在于此。董事对第三人责任性质的科学认知,对后续条款的解释适用具有重要价值。① 在公司法视域下,董事兼具董事会成员与公司管理者的双重身份,二者的义务责任具有互惠性与关联性,这对理解董事对第三人责任至关重要。②

中国最新颁布的《公司法》虽通过借鉴域外相关理论构建了董事对第三人责任体系,但这并不意味着相关争议已获终局性解决。责任性质界定、责任份额划分及责任承担方式等核心问题仍亟待厘清,而国内学界对此议题的讨论呈现激烈分歧。究其根源,现行法条虽契合中国公司制度发展现实,但其政策导向色彩过于浓厚,法律逻辑链条尚存断裂,对董事责任本质的理论挖掘仍显不足,导致制度设计存在多处模糊地带。具体而言,现行规范存在以下三大缺陷:其一,董事对第三人责任的法律定性不明,究竟属于独立责任抑或连带性补充责任,法律未予明确回应;其二,过失程度区分标准模糊,重大过失与轻微过失的边界难以辨识,司法实践中极易引发同案异判;其三,"他人"权益这一核心概念的内涵与外延未予

① 魏振瀛:《民事责任与债分离研究》,北京大学出版社 2013 年版,第 41 页。
② 同上注。

明晰，导致侵权客体范围存在解释争议。就董事对第三人责任的理论谱系而言，域外学说历经百年演进已形成四大经典范式：其一，以法人独立人格为逻辑起点的法定责任理论（Legal Liability），主张通过立法强制干预突破公司人格屏障；其二，以侵权行为构成要件为核心的侵权责任理论（Tort Liability），强调以过错归责原则填补第三方损失；其三，以信义义务延伸为逻辑路径的信义义务理论（Doctrine of Fiduciary Duty），主张将董事对公司的忠实义务和勤勉义务外化至第三人利益保护；其四，以交易违法性为认定标准的非法行为责任理论（Liability for Illegal Transactions），聚焦董事行为合法性审查。这四大理论范式虽各具解释力，但均需结合中国公司治理生态进行本土化适配。

第一节　法定责任理论

1. 法定责任理论之实质

法律责任理论的核心要义在于，董事与第三人之间本无基础法律关系，董事不应向第三人承担责任。然而，为保护特定法益，《公司法》特别规定董事须对第三人承担的责任，此乃法律强化的特殊责任。① 当董事执行职务存在故意或重大过失，且其失职行为与第三人利益损失之间存在相当因果关系时，鉴于股份有限公司经营行为对董事履职的高度依赖性等现实因素，董事即应对第三人损害承担直接责任。②

该理论为《公司法》修订提供了法理基础，并具有特定的适用条件：

① 王志诚：《法人侵权：规范模式与控制机制》，《物权法与经济法》2007 年第 9 期，第 35 页。

② 同上注。

首先,在主体要件上,其针对董事在公司中的职务行为对第三人产生的不利影响;当第三人欲追究董事责任时,仅需证明损害与董事行为间的因果关系及董事存在“故意或重大过失”的主观状态,而无须就董事主观上的“故意或重大过失”承担举证责任。其次,该理论基于法律责任视角,旨在通过现行法律确认董事行为的特殊违法性,保护第三人免受董事不法行为的侵害。这与后续将探讨的董事侵权责任理论形成区别,因其着重协调独立法人人格与第三人利益的共存关系,避免二者产生冲突。

该责任性质的解释路径在中国台湾地区、美国及澳大利亚获得了广泛支持。在澳大利亚的司法实践中,公司违法行为可成为认定董事责任的“跳板”,从而建立董事与第三人间的法律关系。董事对第三人责任被视为“跳板责任”,即根据法律关系本应由公司承担的责任。① 根据澳大利亚《2001 年公司法》[Corporations Act 2001 (Cth)]第 180 条第 1 款,董事履行注意与勤勉义务时需综合考量公司状况及其具体职位职责。例如,在福蒂斯丘金属集团(Fortescue Metals Group)案中,②联邦法院合议法庭认定公司首席执行官(CEO)兼董事会主席安德鲁·弗雷斯特违反第 180 条第 1 款,因其“深度且直接”参与制作公司误导性媒体声明以及澳交所公告。③ 通过这些公告,该公司实施了违反第 1041H 条的误导行为,其未更正误导陈述的过错从而成为认定违反第 674 条第 2 款持续披露义务的关键依据。安德鲁·弗雷斯特的行为导致公司因违反第 674 条第 2 款而面临民事罚款,因此构成对第 180 条第 1 款的违反。④ 在中国,以王保树教授和刘俊海教授为代表的法定责任理论认为,董事对第三人的赔偿

---

① Abe Herzberg and Helen Anderson, “Stepping Stones — from corporate fault to director’s personal civil liability”, *Federal Law Review*, Vol.40, No.2, 2012, p.181.

② (2011) 190 FCR 364.

③ (2009) 256 ALR 199.

④ (2009) 256 ALR 199.

责任通常并非源于董事对第三人的直接侵害，而是通过媒体等途径造成的间接损害。① 因第三人身份认定仍然存在不确定性，故此类责任不应被归类为侵权责任，而应视为由法律特别规定产生的责任。该观点已经得到了大多数学者的认可。在美国的司法实践中，随着董事责任制度的发展，法院日益倾向于依据各类成文法，基于董事身份和职权范围施加严格责任，这一理论已被广泛接受。②

2. 法定责任理论的批判性评析

中国多数学者支持该法定责任理论，这也是日本最为流行和被接受的理论。然而该理论存在缺陷，其主要问题在于董事对公司责任与公司法人人格之间的冲突——即董事本应仅对公司承担责任，第三人应向公司追责。但为解决董事滥用权力损害第三人利益且公司无力赔偿的情形，法律已突破传统理论边界，赋予第三人直接向董事索赔的法定权利，这实质上间接承认了在此类特殊情形下，董事可突破公司法人人格而成为责任主体。这种直接突破原有法系、直接赋权的立法，势必与既有体系产生冲突。因此，亟须立法者解决这些冲突，完善相应的配套法律法规以及董事责任制度。

在中国，该理论的产生源于加强公司治理、推动企业合规及适应市场经济发展的迫切需求。

首要且直接的问题是，该理论引发了冲突。依据法定责任理论，董事与法人理论之间存在根本性冲突，这直接导致认定董事承担个人责任时法人人格的否认。此外，它还造成了责任分配的混乱。例如，第三人只需

① 樊云慧：《公司高管义务与董事义务一致吗？——美国的司法实践及其对我国的启示》，《环球法律评论》2014 年第 1 期，第 1 页。

② 同上注。

证明董事故意或过失违反了公司的信义义务，而无须证明董事违反了该义务？在原《公司法》体系下，董事仅对公司负责。然而，新《公司法》修订后，在特定情况下，董事也需要对第三人承担责任。这种冲突亟待立法者解决。

第二节　侵权责任理论

1. 侵权责任理论的核心命题

侵权责任理论源于普通法系。该理论旨在将董事对第三人的责任解释为民法中的侵权责任。[①] 在中国，商法与民法联系紧密，部分学者将其视为中国《公司法》中侵权法的一种特殊体现。依据该理论，有学者主张完善侵权责任理论，即便在间接损害的情形下，债权人也可以依据侵权法要求董事承担赔偿责任，这是因为现代侵权法早已打破了“侵权仅针对绝对权损害”的壁垒。[②] 美国董事对第三人的责任性质属于侵权责任理论，在美国侵权法背景下，皮特林（Petrin）教授观察到，美国法院通常倾向于对董事和高级管理人员因与管理和监督相关的普通过失行为追究个人责任。[③]

加拿大法院在决定是否应该推进针对董事或高级管理人员的第三人

① Michael Marin, “Third-Party Liability of Directors and Officers: Reconciling Corporate Personality and Personal Responsibility in Tort”, *Dalhousie Law Journal*, Vol.42, No.2, 2019, p.335.

② 冯果、柴瑞娟：《论董事对公司债权人的责任》，《国家检察官学院学报》2007 年第 1 期，第 115 页。

③ Shannon Kathleen O’Byrne and Cindy A. Schipani, “Personal liability of directors and officers in tort: searching for coherence and accountability”, *University of Pennsylvania Journal of business law*, Vol.22, No.1, 2019, p.82.

索赔时，严格遵循侵权行为分析。由于在加拿大纯粹经济损失案件中的原告通常是自愿承担与公司实体交易风险的投资者或债权人，因此提出个人索赔可能被视为试图转移负担，这与原始交易的性质不符。① 此外，仅考虑董事是否存在基于侵权的行为，在概念上比分析董事的损害行为是公司的行为还是个人的行为更为简单，并且与公司法和最高法院先例更为一致。

2. 侵权责任理论的体系性检视

其主要缺陷体现在以下几个方面：首先，因为董事是公司的成员，从某种意义上说，他们与第三人之间不存在直接的法律关系。此外，侵权责任理论的构成要件规定，必须存在个人的主观过错行为。如果董事没有实施侵权行为，则不适用侵权责任。其次，根据侵权法的规定，当第三人遭受损害时，董事和公司有义务依侵权法的要求对第三人承担责任。其法律基础是，他们不应损害他人的个人权利和财产权利。因此，在侵权法责任中，董事可以被视为需承担损害赔偿责任的自然人。然而，对侵权法律责任的解释强调，董事的义务仅限于公司内部，如果受损第三人向董事主张权利，董事可以依据民事法律承担责任，而不是中国《公司法》中的侵权责任，此时，《公司法》将无适用余地。

笔者比较了法定责任理论与侵权责任理论，指出二者之间存在诸多差异，尤其是在主观过错层面。法定责任理论侧重于公司利益，即使董事未能预见第三人权利受损，客观上若第三人利益受损，董事也需承担损害赔偿责任。而侵权责任理论要求董事预见其行为可能对第三人造成损

① I. Y. Joseph Cho, "Directors' Third Party Liability: The Peculiar Case of Korea", *Australian Journal of Asian Law*, Vol.18, No.2, 2017, p.239.

害，仅在存在故意或过失导致损害的情况下，方可适用。

这两种理论都要求对第三人的损失承担责任，但所认定的损失范围存在差异。二者对损失类别的理解有所不同：在特殊侵权责任中，直接损失指受害人现有财产的减损，间接损失则指因直接损失导致的受害人可得利益的丧失；而在特殊法定责任中，直接损失特指董事失职行为虽未造成公司利益受损，却直接导致第三人遭受损害的情形，间接损失则指董事失职致使公司偿债能力下降，进而影响第三人利益实现的情形（本质上属于纯粹经济损失）。特殊法定责任中的直接与间接损失主要针对不同主体，而非聚焦于损失的具体类型。

第三节 信义义务理论

这表明新《公司法》中董事履职时对第三人的赔偿责任性质应以信义责任为基础，其法理依据在于：当代理人相较于委托人具有信息或专业优势时，委托人无法充分监督代理人行为，可能遭受不法侵害并承担代理成本，此时法律须设定特定义务约束代理人行为以缓解道德风险。① 该法理依据依循风险转移理论而确立，旨在约束董事权力、平衡利益并设定董事义务。当公司与其董事间的信义理论因第三人（尤指债权人）的迫切需求而发展时，信义义务便在董事责任领域得以广泛适用。② 在我国现行制度下，董事会管理权被分割为决策权与执行权，分别归属于董事会和经理层，这使董事更易操控公司利益，债权人利益难以获得保障——此部分学者反对该观点的重要缘由。

---

① Robot H. Sitkoff, "The Economic Structure of Fiduciary Law", *Boston University Law Review*, Vol.91, No.1039, 2011, pp.1040 - 1043.

② 陈鸣：《董事信义义务转化的法律结构》，《比较法研究》2017 年第 5 期，第 62 页。

第四节　不正当交易责任

不正当交易责任源于普通法，这意味着董事始终对公司负有信义义务，无论公司是在正常运营还是濒临破产。[①] 由此可见，董事对公司债权人的义务并非直接义务，而是附带义务。因为董事仅在责任范围内有义务考虑公司债权人的利益，只有在董事考虑公司利益的前提下，才能将公司其他利益相关者的利益纳入考量。这意味着，在正常情况下，董事可能不会直接对公司以外的任何第三人承担责任。英国公司法规定，只有当董事明知或理应知道公司已无合理可能避免破产，且董事未采取一切合理措施以减少公司债权人的潜在损失时，公司董事或影子董事才可能需要向破产公司支付一定金额，用于向公司债权人分配。[②]

依笔者之见，不正当交易责任与信义义务理论均源于信义关系，但二者存在差异。首先，适用情境不同。信义义务是贯穿董事责任理论的法理基础，适用于所有与董事责任相关的关系，而不正当交易责任仅适用于公司破产情形。其次，法理基础的出发点不同。信义义务源于道德层面，而后者源于实然层面。二者的局限性也十分明确，信义义务意味着董事应关注公司的整体和长远利益，而非仅关注特定股东或股东群体，这在某种程度上会导致现代企业内部结构的复归。笔者认为，其本质应为法定责任理论。

① Geoffrey Morse ed., *Palmers Company Law: Annotated Guide to the Company Act 2006*, London: Sweet & Maxwell, 2007, p.168.

② Ibid.

第五章
中国董事对第三人责任的性质与形态

第一节　中国董事对第三人责任性质的主要学说

在中国，关于董事对第三人责任性质存在三种主流学说。第一种是特殊侵权责任理论。学者认为，要明确董事责任的性质，新《公司法》修订草案一审稿第一百九十条规定："董事、高级管理人员执行职务，因故意或者重大过失给他人造成损害的，应当与公司承担连带赔偿责任。"而终稿第一百九十一条调整为："董事、高级管理人员执行职务，给他人造成损害的，公司应当承担赔偿责任；董事、高级管理人员存在故意或者重大过失的，也应当承担赔偿责任。"两稿之间存在两大变化：首先，在责任表述上，终稿用"公司应当承担赔偿责任，董事、高级管理人员……也应当承担赔偿责任"取代"董事、高级管理人员应当与公司承担连带赔偿责任"。这种差异在于，赔偿责任取代了连带责任，强调了赔偿和第三人损害的原因，从而区分了董事在履行职责过程中因过失造成的责任问题。其次，终稿强调了主观过错"董事的故意和重大过失"，目的是免除董事的过失责任，将董事在履行职责过程中对第三人的轻微责任排除在民事法律的一般侵权损害赔偿范围之外。基于上述两点原因，可以适用特殊侵权规则。

第二种主流理论是部分学者也尝试从体系视角探讨董事对第三人责

任的性质，认为侵权责任规则确立于行为人与受害人之间的相对关系。[①]然而，在公司人格独立的背景下，董事作为公司成员，与债权人之间存在法律关系，公司可以与债权人形成债务关系。董事与债权人之间无法构成相对关系，因此我们既不能抛弃侵权责任规则构建独立的责任体系，也不应简单照搬侵权责任规则而不区分直接损害与间接损害，[②]而是应当承认侵权责任与法定责任的竞合。

笔者旨在分析董事侵权行为的构成要件及其内在结构。首先，侵权行为必须是董事的职务行为。这意味着，董事的行为必须符合承担责任的行为特征，且该侵权行为应属于履行职务或与履行职务密切相关，并与个人行为相区分。根据公司法理论，职务行为涵盖基本职权和特别职权。一方面，基本职权包括新《公司法》所规定的，董事会享有公司经营事项的决策权，如高级管理人员的任免等；[③]另一方面，公司法还详细列举了董事的诸多具体职能和权力，例如，作为公司的法定代表人、决定公司的对外担保事项、核查股东的出资情况等。其次，构成要件还包括对第三人造成损害，该损害既包括直接损害，也包括间接损害。只要侵权行为与损害结果之间存在实质性的因果关系，无论损失是直接的还是间接的，是人身损害、财产损害还是纯粹的经济损失，第三人均可基于其利益受损，追究董事的侵权责任。

第三种理论涉及特殊的法定责任，其核心在于：实践中第三人遭受的大部分损失，往往是董事的行为间接造成的，这意味着董事与第三人之间并无直接关联。因此，作为公司机关的组成部分，董事通常不对第三人

---

① 叶林、叶东英：《公司董事对第三人连带/赔偿责任的理论考察——评议公司法修订草案第一百九十条》，《法律适用》2022 年第 5 期，第 17 页。

② 刘道远：《董事对第三人赔偿责任的法理基础与规范解释》，《比较法研究》2024 年第 2 期，第 92 页。

③ D. D. Prentice, "Creditor's Interests and Director's Duties", *Oxford Journal of Legal Studies*, Vol.10, No.2, 1990, p.265.

承担谨慎义务。① 只有当董事存在故意或重大过失，并对第三人造成损害时，方需承担责任。这属于政策导向下的特殊规定。特殊法定责任之所以受到广泛支持，原因如下：首先，它减轻了第三人的举证责任。特殊法定责任并不要求第三人证明董事在实施行为时预见其行为会侵害第三人权益，仅需证明董事在履行职责过程中未尽忠实、勤勉义务，且未采取合理注意，即可认定董事应对第三人的损失承担责任，而无须考虑董事是否预见第三人的利益受损。从这一角度来看，这符合保护第三人利益的目标。之所以无须证明董事行为与第三人之间的因果关系，是因为难以界定董事的主观过错是履行职务时的过失，还是侵犯第三人权益的过失，两者界限模糊。因此，特殊法定责任不再区分主观过错，这也有利于简化司法程序。

第二节　中国董事对第三人责任的形式

在中国，关于董事对第三人的责任形式，存在两种主要类型。一种是董事的补充责任，另一种是董事与公司之间的连带责任。② 笔者认为，应采纳连带责任。首先，根据中国民事法律，董事的行为构成侵权，董事与公司之间存在代表关系，且该行为部分归属于公司，因此此类行为应被认定为连带责任。董事与公司应作为共同侵权人，对第三方损失承担连带赔偿责任。

其次，相较于补充责任，连带责任在公司与董事之间的责任分担上更具灵活性。根据中国民事法律的规定，就责任范围和风险承担而言，董事

① 李炯：《公司法修订草案中董事对公司债权人责任的学理考察》，《吉林工商学院学报》2023 年第 39 期第 6 卷，第 101—105 页。

② 叶林、叶东英：《公司董事连带/赔偿责任的理论考察——评议〈公司法〉修订草案第一百九十条》，《法律适用》2022 年第 5 期，第 17 页。

和公司应该承担更重的责任。最后，与补充责任相比，第三人可以直接要求连带责任董事承担赔偿责任，而无须首先向公司追偿。这将提高赔偿的执行效率，有利于保护债权人的利益，从而为第三人提供更多的选择赔偿途径的机会。这不仅有利于保护第三人的利益，也有助于防止董事通过转移财产来规避风险。

然而，连带责任制度存在显著弊端，其中核心问题在于董事的责任承担范围不明确。因为董事的责任范围直接影响赔偿金额，而董事的财务状况又决定了其是否具备足够的赔偿能力，进而关乎对第三人利益的有效保护。否则，董事对第三人的责任目标将难以实现，董事履职的积极性也将受到抑制。例如，2021 年的康×药业证券虚假陈述民事赔偿案，因为公司治理结构的不完善以及责任形式认定的模糊，广州市中级人民法院判决董事承担责任，其中五名独立董事分别在 5%或 10%范围内承担连带责任，对应赔偿金额分别为 1.23 亿元和 2.46 亿元①，远高于其薪酬。此判决引发了董事的辞职潮，并使其他董事陷入恐慌。许多人对独立董事的责任认定表示不满，认为赔偿金额与其薪酬水平严重不符，可能导致董事遭受巨额经济损失。从中国《公司法》的惩罚性角度来看，此种处罚力度可谓严厉。

关于董事赔偿责任的分配标准，笔者主张应区分不同董事的职责，并建议从薪酬水平、决策参与程度和控制权差异三个维度进行考量。② 首先，就薪酬水平而言，董事和高级管理人员的薪资待遇存在差异，高薪者通常具备更强的赔偿能力，因此可以承担更高的赔偿比例。③ 然而，这种

---

① 刘道远：《董事对第三人赔偿责任的法理基础与规范解释》，《比较法研究》2024 年第 2 期，第 92 页。

② 曾祥生：《董事责任规制的困境与应对——基于董事个体差异为视角》，《法学杂志》2022 年第 6 期，第 102 页。

③ 王艳梅、祝雅柠：《论董事违反信义义务赔偿范围的界定——以世界银行〈营商环境报告〉“董事责任程度”为切入点》，《北方法学》2019 年第 2 期，第 42 页。

标准存在一定的缺陷。首先，对于高薪董事而言，这种赔偿比例可能并不公平，因为高薪董事可能并未实际参与董事会决策。此外，这一标准可能导致推卸责任。因此，薪酬水平的赔偿标准应该根据案件的具体情况进行综合考量。其次，决策参与程度的认定较为间接，不易确定。笔者借鉴日本的做法，即对于导致第三人损害的管理层决策，未参与或持反对意见的董事不承担责任，而持赞成意见的董事则应承担责任，并可根据其职位在内部按比例分担。① 在某种程度上，它调整了权利主体之间的利益冲突，从而在共存的基础上实现所有各方利益的合理优化。然而，它也存在一些不足，在实践中，部分董事会成员往往被边缘化，理想的讨论氛围似乎难以实现。第三个标准是基于控制权的差异，根据控制权的不同程度，可以将其分为三类董事，即公司董事长、内部专职董事和外部兼职董事。这三类董事的控制权依次递减，因此公司董事长拥有最大的权力，他们也更容易滥用权力并对第三人造成损害。内部专职董事有更多机会接触决策的具体细节和第三人，因此他们有权影响决策行为。② 与前两类董事相比，外部兼职董事拥有的权力最少，在管理者中的地位也最低，因此他们不会过多地影响决策，主要以参与决策为主。③ 根据不同的职位以及对第三人决策的相关影响，他们应承担不同程度的责任并赔偿不同数额的款项。④

---

① 王艳梅、祝雅柠：《论董事违反信义义务赔偿范围的界定——以世界银行〈营商环境报告〉"董事责任程度"为切入点》，《北方法学》2019 年第 2 期，第 42 页。

② 刘俊海：《上市公司独立董事制度的反思与重构》，《法学》2022 年第 3 期，第 1 页。

③ 同上注。

④ 王小翠：《董事对第三人责任的理论证成与规范重塑——兼评〈公司法〉（修订草案三审稿）第 191 条》，《特区经济》2024 年第 2 期，第 118 页。

第六章
董事对第三人责任的解释路径

第一节　受损主体的法律界定

笔者主张，遵循文义解释路径，新《公司法》第一百九十一条中的“他人”不应涵盖公司股东。一方面，若董事、高级管理人员违反法律、行政法规或公司章程，直接损害股东利益，股东可依据新《公司法》第一百九十条，诉请董事、高级管理人员赔偿。另一方面，若董事、高级管理人员通过损害公司利益间接损害股东利益，股东可依据新《公司法》第一百八十八条、第一百八十九条提起代表诉讼以寻求救济。

从体系解释的角度来看，“他人”一词共出现了十五次。根据新《公司法》第一百八十九条，“他人侵犯公司合法权益，给公司造成损失的，本条第一款规定的股东可以依照前两款的规定向人民法院提起诉讼”。在青岛××金税科技有限公司等与青岛××电子科技有限公司清算责任纠纷再审案中，①最高人民法院认为，在现行公司法理论与实践中，公司内部与外部关系的区分标准尚不明确。严格意义上，仅有董事、监事和高级管理人员被视为公司内部人，而股东、员工等则属于外部人。但其侵犯公司权益的行为均可以被纳入股东代表诉讼的诉由。因此，以公司内部人与外部人的概念界定“他人”，可能导致界限不清，缺乏可操作性。由此推

① 最高人民法院(2015)民提字第123号民事判决书。

断，“他人”不应涵盖公司股东，否则将导致解释上的悖论。

此外，并非所有民事主体均可纳入新《公司法》第一百九十一条“他人”的范畴，而应基于该条的立法目的准确界定其适用范围。在修订《公司法》时，新增第一百九十一条，旨在确立董事、高级管理人员对第三人的直接赔偿责任。这主要是因为董事、高级管理人员在公司治理中扮演重要角色，其权力的扩张增加了其侵害第三人利益的可能性。若完全免除董事、高级管理人员，尤其是存在故意或重大过失者的赔偿责任，仅由公司承担对第三人的损害赔偿责任，当公司无足够财产清偿第三人时，将对公司债权人极为不利，也不利于惩戒董事、高级管理人员的违法行为。因此，规定董事、高级管理人员对第三人承担责任，其最主要的功能在于加强对公司债权人的保护，降低债权人债权无法实现的风险，同时督促董事、高级管理人员勤勉尽责，降低公司经营风险。由此可见，新《公司法》第一百九十一条之所以要求存在故意或重大过失的董事、高级管理人员承担赔偿责任，根本原因在于这些人员滥用了在公司治理中的独特法律地位。因此，新《公司法》第一百九十一条中的“他人”应限定为因董事、高级管理人员在公司对外经营活动中行使管理权的行为导致民事权利与利益受到侵害并遭受损害的民事主体。

第二节　董事履职行为的司法认定标准

当公司董事和高级管理人员对第三人造成损害时，关键在于该损害行为是否属于职务行为的范围。具体而言，此类行为必须涉及他们在公司内部行使管理职权，并直接导致他人合法权益受到侵害。

尽管法院尚未就此类责任的承担确立单一的明确标准，但美国加州最高法院已提出一个由两部分组成的测试，以确定官员或董事是否可能因侵权行为承担个人责任。[1] 具体而言，原告必须证明：A. 该董事或官员 a. 明确授权、指示或参与了被指控的侵权行为；b. 明知或应知其控制下的某些危险状况或活动可能对原告造成损害，却未能采取适当行动以避免损害；B. 一个普通谨慎的人在知晓相同情况下不会采取类似行动。

通常情况下，当董事以公司名义行事时，他们对公司行为不承担个人责任。然而，特拉华州衡平法院的判决表明，在特定情况下，参与公司不当行为的董事或高级管理人员可能需要对非股东第三方承担责任。在普莱瑞资本三号有限合伙公司诉双 E 控股公司案中，首席执行官和首席财务官被指控操纵和伪造销售额和收入数据，进而影响了买方的决策。法院依据美国最高法院和特拉华州的重要判例，指出公司是通过自然人实施行为。参与欺诈的董事或高级管理人员不能以代表公司行事为由逃避个人责任。此外，试图免除直接欺诈责任的合同条款违反了特拉华州的公共政策，且不可执行。如果董事积极鼓励、协助或批准欺诈计划，指示他人提供虚假信息，或在欺诈交易期间存在不作为，并且这些指控在审判中被证实，则董事将承担责任。

尽管新《公司法》第一百九十一条将“执行职务”界定为涵盖所有管理活动，但其实际适用仍存在模糊地带。通常而言，合同签署、发布公司指令等日常管理行为可明确认定为职务行为；反之，以个人名义实施或未经正当授权的行为通常被排除。为防止不当行为被错误归类为个人行为，司法实践主要依赖两项关键判断标准：行为是否旨在为公司谋利，以及是否利用职务便利实施。例如，即便职权范围内签署的合同存在瑕疵，仍属职务行为，而未经授权的第三方交易则被视为个人行为。此种区分有效遏制了董事及高管假借职务之名逃避责任的行为。

---

① PMC, Inc. v. Kadisha, (2000) 78 Cal.App.4th 1368, 1378, 1381.

公司高管的经营决策天然存在着风险承担和判断失误的可能性。在法律适用层面，必须明确区分“正常商业风险”与“重大过失”的界限——这既保障了合理风险容忍度的存在，又不致纵容恶意或重大疏忽行为。例如，基于合理商业判断作出的投资决策失误，不应被认定为职务违反。

安图齐斯诉 D. J. 霍顿家禽捕捉服务公司案确立了董事恶意缔约须承担个人责任的原则。该案判定，公司的董事兼唯一股东若明知违反对公司负有的信义义务或个人义务，却故意违反合同条款，就应对公司的违约行为负责。安图齐斯案探讨的是，如果董事“在授权范围内善意行事”，是否会被认定为个人责任方。在该案中，讨论的重点在于“董事对公司所负义务的行为和意图”，而非“对作为‘善意’调查焦点的第三方的意图”。

根据新《公司法》第一百九十一条的立法本意，董事及高管实施的侵权行为——无论发生于对外交易或其他活动中——必须属于其管理权限范围内或与职权行使密切关联，这就要求对“执行职务”作限缩解释。例如，董事未积极履行保障公司资本充实的义务（尤其是消极不作为），可能被认定为存在重大过失，进而对债权人承担责任。

在深圳××微显科技有限公司与胡××破产债权确认纠纷一案中，一、二审法院最初认定董事未督促股东出资的行为与公司损失无直接因果关系。① 但最高人民法院后续明确，股东未履行出资义务与董事消极不作为共同构成损害发生的原因，二者构成法律上的因果关系。这揭示出：当行为与经营管理权行使无关时，不应适用新《公司法》第一百九十一条，而应依据新《公司法》第十一条第三款、《中华人民共和国民法典》第六十二条第一款及第一千一百九十一条第一款等相关规定认定责任。

① （2015）深中法破初字第 8 号民事判决书、（2016）粤民终 70 号民事判决书。

第三节 故意或重大过失的司法认定标准

在新《公司法》第一百九十一条的规范构造中，“董事、高级管理人员的故意或重大过失”究竟是针对“执行职务”还是“造成他人损害”，存在解释分歧：若其主观过错指向“执行职务”，则责任构成需董事存在严重的职务懈怠行为；反之，若主观过错针对“造成他人损害”，则需证明董事在侵害第三人利益时存在明知故犯的心理状态。

笔者认为，董事对公司的责任与对第三人责任的性质存在本质差异。例如，日本司法判例主张，商业判断规则在董事与股东间的纠纷中具有适用正当性，但在涉及第三人的案件中则不成立。① 司法实践中，对故意或重大过失的认定，通常取决于董事及高管在决策时的行为过程、决策背景及后果。典型情形如董事及高管在重大决策时未进行合理论证或忽视潜在法律风险，此类审慎义务的违反即可能被认定为重大过失。

对于故意或重大过失的认定需要考虑具体的适用场景。以康×药业虚假陈述案为例：该公司作为上市公司，在年报中存在虚假记载，后由投资者服务中心代表投资者提起证券集体诉讼，要求康×药业及其董事、监事、高管等承担赔偿责任。法院最终支持了该诉讼请求。② 该案典型地展现了上市公司信息披露违规情形下，董事等责任主体重大过失的司法认定逻辑。

此外，是否存在主观恶意和牟利动机也是认定故意的关键要素。新《公司法》第一百九十一条确立的故意或重大过失标准，实质上引入了公

---

① ［日］近藤光男：《最新日本公司法》（第七版），梁爽译，法律出版社 2016 年版，第 11 页。

② （2020）粤 01 民初 2171 号民事判决书。

司治理中对主观过错的一定程度的裁量。此举不仅有利于保护第三人利益，更能促使董事及高管在管理活动中保持应有的审慎。

第四节　董事对第三人责任之边界厘定

董事负有不得侵害第三人利益的注意义务。其对第三人责任强调的是因违反该注意义务而产生的董事与第三人间的侵权法律关系，而非要求董事为公司违反注意义务的行为承担责任。

例如，在美国参与责任理论（Participation Theory）下，参与行为包括授权、指示、同意及批准。若公司本身未实施侵权行为，董事自然不构成侵权，因此该理论不适用于因违约导致的损害赔偿。① 此外，单纯的疏漏或对某事的知晓不构成“参与”行为。② 例如，若董事在公司借款过程中无过错，依据参与责任理论，其无须对公司债务承担个人责任。③ 因此，董事对第三人的注意义务不等同于公司在合同关系中对第三人负有的诚

---

① Saltiel v. GSI Consultants，Inc.，170 N.J. 297，788 A.2d 268(2002).新泽西州法律明确，侵权救济一般不源自合同关系，除非违约方负有法律规定的独立义务。本案中，GSI公司的主要过错在于未履行合同约定的技术服务义务，此属违约行为而非侵权行为。参与责任理论的适用需满足以下前提：公司实施侵权行为、公司高管参与其中，且该行为对原告造成了损害。若公司对原告的义务违反是基于合同而非侵权原则，则该理论不予适用。本案明确，在新泽西州，判定公司高管个人责任时，需严格区分违约行为与侵权行为。若公司与原告的关系以合同为主，且公司违约未违反独立法定义务，则公司高管通常无须依据参与责任理论承担个人侵权责任。该判例为后续类似案件提供了重要法律参考，有助于厘清公司高管在商业活动中的责任边界。

② Aldorasi v. Crossroads Hosp. & Mgmt. Co.，LLC，344 F. Supp. 3d 814（E. D. Pa. 2018）.

③ N. Am. Steel Connection，Inc. v. Watson Metal Products Corp.，515 Fed. Appx. 176（3d Cir. 2013）.

实履约义务，该法律关系不隐含董事与第三人之间存在合同法律关系。据此，连带责任若突破公司与第三人合同关系的相对性而径行适用，则缺乏合理性。

英国上诉法院近期作出的安德鲁·詹姆斯·巴克利-瓦特等人(Andrew James Barclay-Watt & Others)诉阿尔法·帕纳雷蒂公共有限公司及安德烈亚斯·约安努(Alpha Panareti Public Limited, Andreas Ioannou)[2022] EWCA Civ 1169 号判决，再次引发了对董事可能因公司不法行为而对第三方承担个人责任(尤其是作为共犯责任)之具体情形的关注。巴克利-瓦特案凸显了在维护公司独立法人地位这一基本原则的同时，需确保在董事对公司过错存在主观介入的情形下，受害人能够获得有效救济的必要性。该判决通过拒绝扩张解释共犯责任，重申了公司独立法人地位的一般性原则。

在公司运营与治理实践中，不同类型董事的实际职责存在差异，其勤勉义务的具体要求也不同。例如，具有股东背景的董事与独立董事在职责范围与义务内容上显著有别。此外，在我国新《公司法》框架下，对于采用单一制董事会架构的公司，任职于不同专门委员会(如审计委员会、薪酬委员会等)的董事，其职责与义务亦存在具体区分。因此，仅凭董事身份本身并不足以成为追究其法律责任的充分依据。①

公司内部兼任高级管理人员的董事(以下简称“执行董事”)、具有主要股东背景的非执行董事(以下简称“股东关联非执行董事”)与独立董事在权力配置层面存在显著差异，故不同类型董事对外部第三人所负的勤勉义务呈现分化特征。例如，若某董事仅履行公司内部管理职责而未介入外部事务，则其原则上对第三人不负有特殊注意义务，要求其承担超出职责范围的过重责任，既缺乏法律依据，也不符合权责对等的法理逻辑。

---

① Saltiel v. GSI Consultants, Inc., 170 N.J. 297, 788 A.2d 268 (2002).

第七章
结　论

董事对第三人责任是我国新《公司法》修订中的一项制度创新，标志着董事责任体系的法定化进程又向前迈进了一步。当下应当实现从该制度的立法论研究向解释论构建的转向。董事对第三人责任条款的设立并不意味着该问题的彻底解决，相反，其留下了许多问题有待进一步阐释，如董事独立人格与公司法人理论的冲突、董事对第三人责任的边界等，以期实现该制度的规范化和稳定化适用。

因此，笔者立足于制度背景与司法实践的融合，通过分析各国相关理论及国内案例，认为法定责任理论更契合我国的制度。就其存在的不足，笔者认为应当"揭开公司面纱"分析公司的管理权，建立新的法定责任划分理论，否定"公司是第三人侵权主体、董事无须对第三人承担责任"的传统理论。笔者认为应当从公司的实际管理权与实际利益出发进行分析，将董事与公司一般成员相分离，认可董事的核心身份是公司的实际管理者，是侵害第三人合法权益的实际决策主体，董事的责任不应当仅是对公司负责，董事的决策造成第三人权益受损的也应当承担相应责任。如此，可以完善传统理论，赋予新《公司法》及其体现的法定责任理论更为坚实的法理基础。

笔者还对董事对第三人损害赔偿责任条款的构成要件进行分析解构。从我国司法实践及域外近期关于董事对第三人损害赔偿责任的案例来看，责任主观要件主要包括故意和重大过失。在行为表现形态上，包括董事未勤勉履职、怠于履行对第三人的注意义务从而造成第三人利益受损的情形。典型如董事在证券市场虚假陈述中需对投资者承担损害赔偿责任，即虚假陈述引发的欺诈责任。

第三部分 | 有限责任制度下公司股东与债权人利益冲突案件梳理

笔者对中国大陆司法实践中有限责任制度下公司股东与债权人利益冲突的典型案件进行梳理，对保护公司股东、突破有限责任等不同裁判结果进行统计，旨在对实践中突破股东有限责任的情形进行分析。当然，这一部分所提及的案件均发生在2024年7月1日前，故该部分所提及的《公司法》均为《公司法》(2018年修正)。

第一章
最高法典型案件

第一节　深圳市某科技有限公司、北京某科技有限公司等著作权许可使用合同纠纷案

审理法院：最高人民法院

案号：(2021)最高法知民终380号

裁判日期：2021年9月27日

本案涉及有限责任公司股东与债权人之间的利益冲突，核心争议在于股东是否因与公司之间的资金往来而需对公司债务承担连带责任。最高人民法院最终认定，现有证据不足以证明股东与公司构成人格混同，因而股东无须对公司的债务承担责任。本节将从案件事实、法院裁判逻辑以及法律启示三个方面进行分析。

一、案件背景与争议焦点

2018年5月，A公司与B公司签订《游戏发行和运营协议》，约定由A公司运营某游戏的海外版本。在合作过程中，双方因游戏测试数据不达标、知识产权风险等问题产生了纠纷。2018年9月，A公司拒绝支付

100 万元许可使用费，并于 2019 年 4 月单方面解约。此后，A 公司起诉 B 公司返还已付款项，并主张股东甲、乙等人因与公司存在财产混同，应承担连带责任。

本案的核心法律问题在于：股东与公司之间的资金往来是否构成《公司法》* 第二十条第三款规定的“滥用法人独立地位”，从而应当适用法人人格否认制度，使股东对公司债务负责？

二、法院的裁判逻辑与论证

最高人民法院在二审裁判中围绕“人格混同”的认定标准展开了系统论证，其裁判逻辑可概括为三个递进层次。首先，法院开宗明义地重申了“公司独立法人地位”的基本原则，强调《公司法》第三条确立的“公司独立法人地位及其财产独立、责任独立原则”是市场经济的基础性规则，而第二十条第三款规定的法人人格否认属于特殊情形下的例外适用。在判断标准上，法院创造性地构建了“三位一体”的审查体系：一是考察股东是否无偿占用公司资金且不作财务记载；二是审查公司资金是否被违规用于清偿股东债务；三是研判公司账簿与股东账簿是否存在混同情形。这种审查框架既遵循了《公司法》的基本原则，又为司法实践提供了可操作的具体标准。

据本案具体事实而言，法院针对 A 公司指控的三种资金往来情形进行了精细化的“穿透式”分析。对于争议最大的 490 万元转账，法院通过追踪资金流向发现，该款项实质是公司向第三方债权人丙的合法还款，其资金来源及用途与丙先前出借给公司的 490 万元具有对应关系，形成完整闭环。该行为不仅未损害公司资产的完整性，反而维护了正常的商业

* 《公司法》为《公司法》(2018 年修正)，下同。

信用。关于 90 万元借款，法院特别关注到借款协议、资金用途记载和部分还款事实这三个关键要素，认定其符合企业间资金调剂的正常商业逻辑。至于 7.5 万元的工资外支付，法院则从对价合理性角度切入，结合股东实际提供的额外劳务和后续还款行为，判定其不构成财产混同。此类个案分析充分体现了司法裁判对商业实践的尊重。

法院在本案中明确了债权人举证责任的边界，这一点非常重要。判决书指出，A 公司虽提出人格混同的主张，但未能完成举证责任的“三级跳”：既不能证明资金往来的不正当性，又无法证实公司偿债能力因此受损，更缺乏股东存在主观恶意的关键证据。因此，这种裁判要旨实际上确立了“合理怀疑”与“实质混同”的区分标准，对于平衡股东与债权人利益具有标杆意义。通过层层递进的论证，最高人民法院最终认定现有证据不足以推翻公司人格独立的基本推定，这一裁判思路既维护了公司制度的稳定性，也为市场主体提供了明确的行为预期。

三、案例启示：股东与债权人利益的动态平衡机制

最高人民法院在本案中确立的裁判规则，为有限责任公司治理提供了具有可操作性的指引。从股东责任认定角度，本案构建了“三位一体”的审查标准体系：首先考察资金往来的正当性，重点审查交易对价是否公允、程序是否合规；其次评估财务记载的完整性，要求所有交易必须留存合同、发票等原始凭证；最后判断行为后果的严重性，只有达到“实质性损害债权人利益”的程度才可否定公司法人人格。这种审查方法既避免了“一刀切”的机械司法，又防范了股东滥用有限责任的风险。

就债权人保护而言，本案确立了“梯度化”的举证责任分配规则。债权人需要初步证明存在不正当性的资金往来(如单笔超过注册资本 20%

的无正当理由、无对价的转账),然后由股东说明其正当性。这种责任分配既考虑了债权人取证难的现实困境,又保障了股东的辩解权利。实务中建议债权人采取“三步取证法”:第一步通过银行流水锁定异常交易,第二步调取公司账簿核查财务记载,第三步评估交易前后公司偿债能力的变化。同时要特别注意收集股东“公账私用”的直接证据,如微信记录、邮件往来等能够证明资金性质和用途的电子证据。

结论

本案的标杆意义在于,通过司法裁判推动了公司治理从“形式合规”向“实质规范”的转型升级。未来改革应当着力构建“双轮驱动”的治理体系:一方面完善公司内部治理机制,建议强制要求公司章程载明“股东借款特别条款”,明确资金拆借的额度、期限和决策程序;另一方面强化外部监督约束,可考虑建立“股东异常交易备案系统”,对单笔超过100万元的关联交易实施在线备案。

更深层次的启示在于,公司资本制度需要与时俱进地创新发展。建议在《公司法》修订中引入“差异化责任规则”:对上市公司等公众公司维持严格标准,对小微企业适当放宽审查尺度;同时建立“合规免责清单”,对积极采用区块链存证等新技术规范财务管理的企业给予适当的减免。这种制度设计既能守住债权人保护的底线,又能激发市场主体的创新活力。

从长远来看,本案所体现的“实质正义”裁判理念,将促进形成“规范治理—有效监督—有序竞争”的市场生态。通过司法裁判的引导作用,推动市场主体从被动合规转向主动规范,最终实现股东利益与债权人保护的有机统一。这不仅是优化营商环境的必然要求,更是完善社会主义市场经济体制的重要举措。

第二节　某能源有限公司、某钢铁有限公司买卖合同纠纷案

审理法院：最高人民法院

案号：(2017)最高法民终 87 号

裁判日期：2017 年 5 月 15 日

本案涉及某能源有限公司与某钢铁有限公司之间的买卖合同纠纷，核心争议在于钢铁公司股东是否存在滥用公司法人独立地位损害债权人利益的情形。最高人民法院在二审审理中重点审查了股东低价转让股权行为的法律性质及其对公司偿债能力的影响，最终认定现有证据不足以否认公司独立人格，因此股东无须对公司债务承担连带责任。本节将从案件基本事实、裁判规则适用及法律启示三个层面进行分析。

一、案件背景与争议焦点

本案涉及某能源公司与某钢铁公司之间因长期焦炭购销合作引发的重大合同纠纷。根据法院查明的事实，双方自 2012 年起建立稳定的供销关系，能源公司按约持续向钢铁公司供应焦炭等原材料，但钢铁公司自 2014 年下半年开始出现付款迟延现象。截至 2015 年 8 月，钢铁公司累计拖欠能源公司货款本金及利息高达 6 700 余万元，且经多次催告仍未能履行付款义务。值得注意的是，在债务持续累积期间，钢铁公司的控股股东 A 集团于 2015 年 3 月以明显不合理的对价将全部股权转让给自然人 B。经查，自然人 B 系 A 集团实际控制人的亲属，且无任何钢铁行业经

营经验。更引人关注的是，自然人 B 在受让股权后三个月内，又将其中51%的股权以远低于市场评估价的价格转让给第三方投资机构。这一系列异常股权变动发生时，钢铁公司已处于严重资不抵债状态，资产负债率高达 180%。在钢铁公司最终进入破产程序后，能源公司作为主要债权人提起诉讼，主张 A 集团与自然人 B 应当对公司债务承担连带责任。其诉讼理由主要基于三个法律层面：其一，从行为性质角度，指控股东通过“零对价”转让及后续低价转股行为，实质上构成恶意逃避债务的“金蝉脱壳”行为；其二，从公司治理角度，主张股东与公司存在严重的人格混同，具体表现为共用财务人员、银行账户混同及随意调配资金等情形；其三，从资本制度角度，质疑股东存在抽逃出资及变相减资等违法行为，导致公司责任财产不当减少。

本案的核心法律争议聚焦于：在债务人公司濒临破产的特殊时点，控股股东以象征性对价转让股权的行为，是否构成《公司法》第二十条第三款规定的“滥用公司法人独立地位和股东有限责任”以逃避债务，严重损害公司债权人利益的情形？这一争议的认定不仅涉及法人人格否认制度的适用标准，更关乎如何平衡股东财产权与债权人利益保护这一《公司法》基础价值的实现。

二、法院裁判的逻辑与论证

法院在本案中采用了“双重分离原则”作为裁判的核心逻辑，即严格区分公司财产与股东财产的独立性，以及股权与公司财产权的不同属性，以此判断股东行为是否构成对公司独立人格的滥用。

首先，法院强调公司财产与股东财产的分离。工商登记资料显示，某钢铁公司的注册资本已由股东实缴到位，债权人未能提供有效证据证明存在抽逃出资或虚假出资的情形。此外，某钢铁公司与红某集团在营业执照、公司章程、组织机构等方面均保持独立，审计报告等证据未显示，二者存在财产混同、业务混同或利益输送，因此不符合《公司法》第二十条第三款规定的适用人格否认所需的“滥用”标准。

其次，法院应当明确股权与公司财产权的分离。股东红某集团及后续股权受让人×某的股权转让行为，属于对其自身股东权益的处分，而非对公司资产的直接处置。尽管股权转让价格极低（零对价或1元），但法院结合某钢铁公司后续进入破产程序的事实，认为低价转让系因公司经营状况严重恶化，而非恶意逃避债务。由于债权人未能证明股权转让行为导致公司偿债能力降低，因此法院不能仅凭低价转让本身认定股东滥用权利损害了债权人的利益。

在论证过程中，法院的亮点在于：

1. 严格区分“股东权利滥用”和“正当商业判断”。法院指出，债权人仅凭股权转让价格异常及关联关系主张股东责任，但未能证明股东行为与公司偿债能力下降之间存在直接因果关系，因此不符合法人人格否认的适用条件。

2. 关联交易的定性。即使红某集团与某钢铁公司之间存在关联交易，且可能损害公司利益，债权人也无权直接要求股东承担连带责任，而应通过破产程序主张权利。这一裁判思路体现了法院对公司独立人格和股东有限责任的尊重，也限定了债权人追索的边界。

综上，法院通过“双重分离原则”的严密论证，既维护了公司制度的稳定性，也警示债权人在商业交易中需自行承担合理的风险预判和举证责任。

三、案例启示

本案对债权人、股东以及公司法律制度都具有深刻的启示意义。

对债权人而言，本案凸显了债权人在主张法人人格否认时的举证困境。根据《公司法》第二十条第三款，债权人若要求股东对公司债务承担连带责任，必须提供充分证据证明股东存在滥用公司法人独立地位和有限责任的行为，如财产混同、业务混同或不当转移资产等。然而，在实践中债权人往往难以获取公司内部财务资料，仅凭股权异常变动或关联关系本身难以突破有限责任原则。因此，债权人在与高负债企业交易时，应当加强风险预判，例如在合同中设置加速到期条款、要求股东提供担保，或通过尽职调查提前识别潜在风险。

对股东而言，本案明确了股权转让的合规底线。虽然股东有权处分自身股权，但若在债务危机期间以明显不合理的价格转让股权，极易引发债权人合理怀疑，甚至面临法人人格否认之诉。因此，股东在进行股权转让时，应当确保交易价格与公司财务状况相符，并留存相关商业合理性证明。此外，在关联交易中，股东需特别注意建立交易防火墙，例如通过履行董事会决议、获取独立评估报告等方式证明交易的公平性，避免被认定为利益输送或抽逃出资。

从制度层面来看，本案暴露了《公司法》第二十条第三款在实践中的适用困境。法人人格否认制度的立法初衷是防止股东滥用权利损害债权人利益，然而过高的举证标准使债权人难以有效维权，而股东以"经营不善"为由的抗辩却容易被法院采信。这反映出我国现行法律对债权人保护机制仍有待完善，未来或可通过优化举证责任分配、引入"推定过错"规则或强化信息披露义务等方式，在股东权利与债权人利益之间寻求更合理的平衡。

综上，本案不仅为债权人和股东提供了实务指引，也为《公司法》制度的进一步完善提供了重要参考。

结论

本案的裁判要旨清晰地界定了股东权利与债权人保护的边界：在确

保公司财产独立性的前提下，股东享有自主处分股权的自由；而债权人若要突破有限责任原则，必须完成对“财产独立性破坏”的实质性举证。这一裁判立场既维护了公司制度的基础，也为市场主体的行为预期提供了明确指引。

在股东与债权人利益的博弈平衡方面，本案提出了多维度的完善建议：在立法层面，可考虑针对濒临破产企业的股权转让设置债权人异议期，为利益受损方提供救济窗口；在司法层面，需要通过典型案例进一步细化“股东权利滥用”的认定标准，统一裁判尺度；在商业实践层面，则强调债权人应当通过完善的尽职调查和严密的合同条款设计，主动防范股东道德风险。

本案的最终启示深刻揭示了有限责任公司制度的本质价值——其核心在于风险的合理分配而非风险的恶意转嫁。股东与债权人之间的博弈，实质上反映了市场经济中商业风险划分这一永恒命题。通过本案，我们既看到了法律对诚信商业判断的保护，也清晰地认识到司法对以合法形式掩盖债务规避行为的否定态度。这一判例警示所有市场主体：公司制度的生命力不仅来自对股东权利的保护，更源于对商业诚信的坚守。在股东与债权人的动态平衡中，只有恪守商业伦理，才能实现各方利益的长期共赢。

第三节 某环保发展集团有限公司、某后勤服务有限公司股东损害公司债权人利益责任纠纷案

审理法院：最高人民法院

案号：(2020)最高法民申 5116 号

裁判日期：2020 年 11 月 30 日

本案涉及有限责任公司股东滥用公司法人独立地位和股东有限责任损害债权人利益的典型争议，核心问题在于关联公司之间是否存在人格混同，以及实际控制人是否因过度支配公司而需对债务承担连带责任。最终，最高人民法院认定，环保公司、后勤服务公司及郭某某作为关联方，在财务、人员、业务等方面存在高度混同，且郭某某通过多层股权架构对公司形成绝对控制，该滥用行为导致第三方公司丧失独立偿债能力，因此，判决三被告对案涉债务承担连带清偿责任。本节将从案件背景、裁判要旨及实务启示三个方面进行分析。

一、案件背景与争议焦点

本案涉及股东损害公司债权人利益责任纠纷，核心争议在于关联公司及实际控制人是否存在人格混同、财务混同及过度控制行为。某光伏公司作为债权人，主张环保公司、后勤服务公司及郭某某（三家公司的实际控制人）滥用公司法人独立地位，通过经营混同逃避债务，要求其就第三方公司的未清偿债务承担连带责任。再审申请人则抗辩称，债权人未穷尽执行手段且三家公司独立运营，原审法院以“高度盖然性”推定混同缺乏实质证据。

争议焦点集中于四个方面：其一，债权人是否具备提起法人人格否认之诉的前提条件，即债务人公司是否已无财产可供执行；其二，三家公司在住所地、人员、业务、财务等方面是否存在实质性混同；其三，郭某某是否通过股权架构与职务安排过度支配公司；其四，原审法院调查取证程序及举证责任分配是否合法合理。

二、法院的裁判逻辑与论证

最高人民法院通过三重递进逻辑驳回了再审申请。首先，在程序合法性层面，认定原审法院依申请调取银行流水符合《最高人民法院关于民事诉讼证据的若干规定》，因债权人已初步证明关联公司存在登记信息混同，法院有权为查明事实调取关键证据。当再审申请人拒绝配合审计时，法院依据“证明妨碍规则”推定财务混同成立，符合民事诉讼举证责任分配原则。

其次，在实体认定层面，法院采用“综合判断标准”分析人格混同：一是三家公司注册地址均位于同一办公园区，联系电话总机相同，虽辩称分机号不同但未举证；二是法定代表人高度重合，郭某某同时担任三家公司高管；三是业务范围在工商登记中存在大量交叉。尽管再审申请人抗辩实际经营存在差异，但未能提供相反证据推翻登记公示效力。

最后，关于实际控制人责任，法院从“股权穿透＋职务控制”角度论证郭某某的支配地位。郭某某通过多层持股控制三公司股权（最高持股97.83％），同时担任执行董事等要职，形成“资本＋人事”的双重控制。尽管其主张可能存在隐名股东，但未提交任何证据，法院据此认定其过度支配具有高度可能性。

三、案例启示：公司治理中“形骸化”风险的司法识别

本案揭示了有限责任公司治理中的典型博弈困境：当控股股东通过复杂股权架构与人事安排架空公司独立性时，债权人利益保护将面临重大挑战。

对股东而言，本案警示了“过度控制”的法律红线。实务中常见股东为便于管理而混用关联公司的资源，但本案表明，法院会从“形式混同”（如联系方式、场所重合）推导“实质混同”（如资金往来无合理解释）。当控股股东拒绝配合财务审计时，法院将直接适用不利推定规则，这要求股东必须建立严格的财务隔离机制。

对债权人而言，本案确立了“初步证明＋法院调查”的举证路径。债权人无须直接取得对方财务资料，可通过工商登记、公开信息等证明混同可能性，进而申请法院调取核心证据。但需注意，债权人仍应先行穷尽执行程序，否则可能被认定不具备起诉条件。

结论

本案终裁结果彰显了司法实践对“法人人格否认”制度的审慎适用。法院并未仅因形式混同即否定法人独立地位，而是通过“综合混同＋支配行为＋结果损害”的三阶分析框架，最终认定股东责任。

值得深思的是，本案反映的治理问题具有普遍性：许多中小企业为降低运营成本，往往忽视关联公司之间的独立性建设。但现代公司法的发展趋势表明，法院越来越倾向于通过“行为实质”而非“形式合规”判断人格混同。建议股东在设置股权架构时，至少做到“三隔离”——物理场所相对隔离、财务账户严格隔离、关键岗位人员任命隔离，避免因治理瑕疵导致责任穿透。而对债权人而言，在主张法人人格否认时，应优先锁定“资金流向异常且无正当商业理由”这一核心证据链，方能有效“揭开公司面纱”。

第四节　昆明某商贸有限公司、云南某投资有限责任公司等股东损害公司债权人利益的责任纠纷案

审理法院：最高人民法院

案号：(2021)最高法民申7224号

裁判日期：2021年12月19日

本案涉及关联公司之间的债权转让行为是否构成人格混同及损害债权人利益的争议。再审申请人A公司主张,B公司与C公司通过虚假债权转让、资金循环流转等方式恶意逃废债务,要求B公司对C公司的债务承担连带责任。最终,最高人民法院认定,两公司在人员、业务、财务等方面均保持独立性,不构成人格混同,债权转让行为亦具备真实对价,因此驳回了A公司的再审申请。本节将从案件背景与争议焦点、法院裁判逻辑及案例启示三个方面进行分析。

一、案件背景与争议焦点

本案源于一起典型的关联公司债权人利益保护纠纷。A公司作为C公司的债权人,主张B公司与C公司通过虚假债权转让行为损害其合法权益。核心争议在于两公司是否存在人格混同及关联交易侵权:一方面,A公司指控两公司在人员任职、经营场所、资金往来等方面存在高度混同,且债权转让行为未支付真实对价;另一方面,B公司抗辩称案涉交易经公证和执行程序确认,相关转账系正常债务清偿。案件背后折射出有限责任公司利用关联交易进行利益输送的典型博弈场景——当公司实际控制人通过多个关联主体构建商业网络时,如何平衡债权人保护与公司独立人格原则成为司法实践中的难题。

二、法院的裁判逻辑与论证

最高人民法院的裁判展现出对“法人人格”制度的审慎适用态度。法院从三个维度构建论证体系:在人员独立性层面,强调两公司股东及高管团队无实质性重叠,否定了“影子董事”控制的可能性;在业务独立性层面,虽认可经营范围部分重合,但指出实际经营地址分离形成的市场区分度;在最关键的财务独立性审查中,法院着重剖析资金流转性质,认定债权转让对价支付完整且账户独立,未达到“财产混同且无法区分”的标准。值得注意的是,裁判将指导案例 15 号的适用条件严格限定在“丧失独立人格”的极端情形下,体现了司法对法人独立性的优先保护立场。对于二审程序问题,最高法通过诉讼请求变更规则的技术性处理,维持了程序正义与实体审查的边界。

三、案例启示:公司集团化运作中的债权人防御困境

本案暴露出关联公司架构下债权人保护制度短板。C公司被列入经营异常名录却仍能进行大额资产处置,反映出信息披露机制的失灵;而关联方之间资金闭环操作形成的“合法外观”,更凸显债权人取证的脆弱性。在实务中,股东通过多层持股、协议控制等方式构建的“资本迷宫”,往往使债权人难以穿透识别风险。本案启示在于:债权人应当建立关联方交易的预警机制,在缔约时即通过公司章程条款限制重大资产处置权,并积极运用《公司法》第二十一条关联交易损害赔偿请求权;对于司法系统而言,或可借鉴“实质合并破产”规则中的举证责任倒置制度,在债权人初步证明存在异常交易模式时,要求控制方自证交易公允性。

结论

本案终裁虽然否定了人格混同,但深层次揭示了公司治理现代化的核心命题——如何构建关联交易的内外约束机制。从内部治理看,应强化监事会对跨界任职的审查义务,本案中某自然人同时担任转让方股东与受让方监事的“双重角色”,本应触发关联股东表决权排除制度;从外部规制看,需完善工商登记信息与信用公示系统的联动机制,对“注册地异

常”企业自动触发特别监管措施。长远而言，在“揭开公司面纱”标准之外，更需建立以“事实控制”为核心的关联方责任认定体系，将董事、监事等实际决策者纳入责任追究链条，方能真正破解有限责任公司沦为利益输送工具的治理困局。

第五节　潘某某、徐某等股东损害公司债权人利益责任纠纷案

审理法院：最高人民法院

案号：(2021)最高法民申 2009 号

裁判日期：2021 年 6 月 21 日

本案涉及有限责任公司股东滥用控制权损害债权人利益的典型纠纷，核心争议在于股东通过系列关联担保及债务免除行为，是否构成滥用公司法人独立地位，进而需对公司债务承担连带责任。最高人民法院最终认定，股东以“担保”之名转移公司核心资产并免除关联方债务的行为，实质上掏空了公司责任财产，严重损害债权人利益，构成《公司法》第二十条第三款规定的“法人人格否认”情形，因而判令股东对公司债务承担连带责任。本节将从案件背景、裁判逻辑及实务启示三个方面进行分析。

一、案件背景与争议焦点

本案是房地产开发领域典型的股东滥用控制权损害债权人利益的纠纷。某新城置业公司(化名)的两名控股股东在 2012 至 2013 年间，通过系列股东会决议将公司核心资产以“备案登记”形式转移至关联方名下，

同时决议免除关联方数千万元债务。当债权人金鑫公司(化名)主张债权时,发现新城公司已无实质偿债资产,因此诉请股东承担连带责任。

争议核心在于:股东以担保之名转移公司资产的行为是否构成滥用法人独立地位?债务免除决议是否具有正当的商业目的?特殊之处在于,股东主张备案登记不导致物权变动,且公司审计报告(股东主张)显示未资不抵债,这与债权人主张的“责任财产实质性减少”形成尖锐对立。而有限责任公司治理中永恒的命题——股东控制权行使与债权人利益保护的边界究竟何在?

二、法院的裁判逻辑与论证

最高人民法院的裁判体现了穿透式审判思维。法官未拘泥于形式上的“备案登记”法律性质,而是聚焦股东行为的经济实质:首先锁定股东会决议将价值5 260万元的资产为关联方提供担保,随即免除等额债务这一关键事实,揭示其“名为担保实为无偿转让”的本质。裁判创造性地运用《公司法》第二十条第三款,指出股东通过“担保—免除”的组合操作,系统性掏空公司偿债基础,已构成“滥用法人独立地位”的典型情形。

对于股东提出的抗辩理由,判决逐一击破:针对“备案登记不导致物权变动”之说,指出资产被长期锁定于特定债权人已造成责任财产功能减损;关于“审计报告显示公司资不抵债”的主张,则通过终结本次执行程序裁定书等证据,证实公司实际偿债能力与账面数据严重背离。尤为重要的是,法院明确“股东内部责任豁免约定不得对抗外部债权人”的裁判规则,对实务中常见的“代持免责条款”发出警示。

三、案例启示:控制权滥用的制度性防范——从个案到类案的治理启示

本案犹如有限责任公司治理的显微镜,照见三个深层问题:其一,股

东会决议程序合法性能否掩盖实质不公平？裁判表明，即便决议符合表决比例要求，若其商业目的存疑且损害债权人利益，仍可能被否定效力。其二，关联交易的特殊风险控制。涉案担保与债务免除涉及股东近亲属及关联企业，却因缺乏对价评估与信息披露，暴露出公司内控失效。其三，审计报告等书面证据的局限性。本案揭示出账面资产与实际偿债能力之间的鸿沟，提示债权人需建立动态风险评估机制。

对实务工作者的启示是：股东行使控制权时应当建立“债权人视角”，重大资产处置需留存商业合理性证据；债权人则需关注公司异常担保及债务豁免行为，可在缔约时约定“控制权变动限制条款”；至于担任“挂名股东”的实务人士，本案为一记警钟——工商登记的名义股东身份即足以产生法律责任，所谓“内部免责承诺”不过是风险转嫁的虚假安慰。

结论

本案终裁不是简单的债权人胜利，而是重新标定了公司自治与司法干预的边界。它昭示着：在“股东有限责任”这块现代公司制度基石上，司法者正用“禁止权利滥用”原则雕刻出精细的平衡线。未来公司治理合规应当向“双向保护”进化——既要防范大股东掏空公司，也要避免债权人过度干预经营。建议企业建立“重大事项双重评估”机制，即业务部门论证商业必要性的同时，合规部门同步评估债权人影响，方能在错综复杂的利益博弈中行稳致远。

第六节　某房地产开发有限公司与某汽车有限公司股东损害公司债权人利益责任纠纷案

审理法院：最高人民法院

案号：(2015)民二终字第85号

裁判日期：2015年6月23日

本案围绕公司股东是否滥用公司法人独立地位和股东有限责任，以及举证责任的分配问题展开审理，对明确股东与公司的责任界限、保障债权人合法权益具有重要意义。最高人民法院通过对案件事实的细致审查和法律的准确适用，作出了关键判定。本节将从案件争议焦点、推理过程、裁判结果以及案例启示几个方面进行分析。

一、案件争议焦点

本案的核心争议焦点主要集中在三个方面：一是汽车公司是否存在滥用房地产公司法人独立地位和股东有限责任的行为；二是本案是否应当适用举证责任倒置原则来分配举证责任；三是汽车公司是否应当对房地产公司的债务承担连带责任。这些争议焦点直接关系到第三方债权人的利益能否得到法律支持。

二、法院的推理过程与论证

最高人民法院在本案裁判中，通过对法人人格否认制度构成要件的严格阐释与个案证据的精细化分析，构建了“主张事实—法律要件—证据关联”的递进式论证框架，清晰划定了债权人举证责任的司法边界。针对房地产公司(债权人方)提出的四项人格混同主张，法院逐一展开法律评价：

就资金去向不明的主张，法院依据《买方信贷转贷款合同》的明确约定，认定涉案资金已按合同用途直接支付给境外设备供货商，而房地产公司未能提供相反证据推翻这一合法资金流向，因此不构成《公司法》规定的“股东无偿使用公司资金且不作财务记载”的混同情形。对于资产权属与建设周期重合的争议，法院指出股东出资的厂房建设与公司贷款购置生产线分属不同法律关系，资产权属的清晰性需通过财务凭证等实质证据证明，而非仅凭建设周期重合推定混同，房地产公司（债权人方）未能举证证明汽车公司（股东）滥用控制权导致资产混同的情形。

在公司长期停产及治理缺失的主张上，法院强调企业经营状态与内部治理细节属于公司自治范畴，除非能证明股东通过控制公司意志或财产导致其丧失独立人格，否则长期停产或未召开董事会等表象并不直接等同于人格滥用。法院特别指出，法人人格否认的核心在于公司是否具备独立意思和独立财产，而房地产公司的主张仅停留在经营表象，未触及“财产混同、意思混同”的实质要件。

针对举证责任倒置的请求，法院严格遵循《公司法》举证责任分配规则，明确该规则仅适用于一人公司等法定特殊情形，汽车公司作为多元股东结构的企业，房地产公司仍需承担“谁主张谁举证”的责任。因为房地产公司的四项主张均未达到“合理怀疑股东滥用权利导致公司人格不独立”的最低证明标准，法院拒绝启动举证责任倒置，维持公司人格独立的法律推定。

三、案例启示：人格混同认定的举证责任边界

本案裁判为司法实践中人格混同的认定提供了重要指引，核心在于明确债权人的举证责任分层与公司经营表象的法律关联性识别。

在举证责任方面，债权人主张人格否认需完成递进式证明：首先，需提供初步证据证明股东与公司存在资金混同、业务混同或其他异常关联交易，形成对人格混同的合理怀疑；其次，需进一步证明上述行为符合《公司法》第二十条第三款规定的“滥用法人独立地位”，即股东行为导致公司

丧失独立财产或决策能力；其次，还需要建立股东滥用行为与债权人受偿不能之间的直接因果关系，排除公司正常经营风险或其他因素的影响。在本案中，房地产公司因仅停留在表象事实的罗列，未完成实质要件的证明而败诉，凸显了举证责任分层的重要性。

在法律关联性识别上，本案厘清了常见误区：公司资金按合同用途使用、股东出资资产与公司资产建设周期重合、企业自主经营导致的停产或治理程序瑕疵，均不必然构成人格混同。司法实践中，需重点审查股东是否实质控制公司财产（如无对价转移资金、擅自处置公司资产）或剥夺公司独立意思（如股东直接决定公司对外交易、隐瞒负债转移资产），而非仅以经营异常推定滥用权利。

从公司治理角度，本案警示控制股东需建立严格的风险隔离机制：资金使用需留存完整合同与财务凭证，证明用途符合公司经营目的；股东出资与公司资产需通过产权登记、独立核算明确区分；即使存在控制关系，也需通过董事会决议等法定程序形成公司独立地位，避免公司沦为股东工具。这些规则既为债权人提供了精准的举证路径，也为公司规范治理划定了清晰的法律边界，确保《公司法》“人格独立”原则与“例外否认”规则的平衡适用。

结论

本案的裁判价值，在于通过严格的举证责任分配，重申了法人人格否认制度的“例外适用”属性。司法实践中，债权人不能仅以公司经营异常或股东关联关系推定人格混同，而需围绕“财产独立、意思独立、责任独立”三大核心要素，提供足以动摇公司人格独立推定的证据。本案裁判为公司治理敲响警钟：股东对公司的控制必须止步于法律边界，任何超越出资权利的财产支配或意志干预，若导致公司丧失独立人格，终将面临连带责任的风险。这一裁判逻辑既维护了公司制度的稳定性,也为债权人救济提供了可预期的证明路径,体现了商事法律对交易安全与公平的双重价值追求。

第七节 天津某投资集团有限公司、天津某医疗科技发展有限公司等股东损害公司债权人利益责任纠纷案

审理法院:最高人民法院

案号:(2021)最高法民申2605号

裁判日期:2021年6月9日

一、案件背景与核心争议

本案系债权人天津某投资集团有限公司诉债务人天津某有限公司的股东天津某医疗科技发展有限公司损害公司债权人利益责任纠纷,核心争议聚焦于《公司法》第二十条第三款的法人人格否认制度适用要件。2012年,天津某集团因合作开发项目债务,将其持有的天津某有限公司85%股权及对应资产作价9 300万元转移给天津某医疗科技发展有限公司,以抵偿其对天津某医疗科技发展有限公司的1.25亿元债务。天津某投资集团有限公司主张,天津某医疗科技发展有限公司作为天津某有限公司股东,通过天津某有限公司向天津某医疗科技发展有限公司无对价转移资产1 945万元,滥用法人独立地位逃避债务,应承担连带责任。

从规范层面,本案涉及三重法律关系的交织:其一,天津某集团与天津某医疗科技发展有限公司之间的债权债务抵偿关系;其二,天津某有限

公司股东（天津某集团、E）决议同意以公司资产清偿股东个人债务的合法性；其三，债权人天津某投资集团有限公司援引法人格否认制度的构成要件的判断。最高人民法院在再审审查中，通过对《四方协议》《项目合作协议书》等证据的文义解释与目的解释，构建了“债权真实性—资产处置程序—举证责任分配”的审查框架，为同类案件提供了严格适用法人人格否认的裁判范式。

二、法院的裁判逻辑与论证

本案裁判通过对法人人格否认制度构成要件的精细化阐释，构建了严谨的司法审查框架，体现了对《公司法》第二十条第三款的严格适用。法院首先认定，天津某集团与天津某医疗科技发展有限公司的债权抵偿行为具有合同依据，且天津某有限公司全体股东同意以公司资产清偿股东个人债务的决议符合法定程序，在无证据证明损害公司根本利益的前提下，肯定了公司自治原则下资产处置的合法性。

针对天津某投资集团有限公司提出的人格否认主张，法院从行为、结果、主观三要件展开递进论证：天津某医疗科技发展有限公司接收资产系基于合法对价的债务清偿，不符合“无偿使用公司资金”的混同情形；天津某投资集团有限公司既无法证明资产转移与自身受偿之间存在直接因果关系，也无法证实天津某医疗科技发展有限公司具有逃避债务的主观故意。此外，法院通过梳理举证质证过程，确认天津某投资集团有限公司的程序权利未受侵害，同时强化了证据裁判原则的适用。这一裁判逻辑既坚守公司人格独立的基本原则，又通过要件化审查防止法人人格否认制度的滥用，体现了司法对股东有限责任与债权人保护的精准平衡。

本案裁判从个案经验中提炼出法人人格否认制度的适用基准，推动该制度从模糊原则向清晰要件体系转化。法院强调，法人人格否认作为股东有限责任的例外，必须满足“滥用行为—严重损害—因果关系”的严格要件，司法适用应保持审慎，优先认定公司人格独立，仅在债权人完成递进式举证责任后例外突破。具体而言，债权人需证明股东行为符合法定滥用情形、导致公司偿债能力严重受损且二者存在直接关联，同时排除股东基于合法交易目的的抗辩。本案对“股东以公司资产抵偿个人债务”的合法性界定，确立了程序正义与对价合理的双重约束——资产处置需经有效股东会决议，且对价需通过财务审计等方式留痕，以防止控股股东利用关联交易损害公司资本维持。这些裁判规则为司法实践提供了可操作的审查标准，既维护了公司制度基石，又为债权人救济划定了明确边界。

三、案例启示：公司从“形式独立”向“实质规范”转型

本案裁判对公司治理与债权人保护具有系统性启示：从债权人角度，需强化交易前对目标公司股东关联交易的尽职调查，诉讼中围绕“行为违法性—损害后果—主观故意”构建完整证据链，避免仅以形式资产变动主张人格否认；就公司治理而言，应通过公司章程细化股东与公司资产交易的决策程序，建立财务独立管控机制与控制股东诚信义务，防范资本滥用风险；司法层面则需坚守形式理性与实质公平，在严格遵循法律要件的基础上，合理分配举证责任，既保障交易效率，又筑牢债权人利益保护屏障。本案的示范价值在于，通过司法裁判的规则输出，推动公司从“形式独立”向“实质规范”转型，促进股东权利与债权人利益的动态平衡，为优化商事法治环境提供了可复制的裁判范本。

结论

本案的裁判精髓在于，将法人人格否认制度回归为“矫正正义”的工

具——仅在股东行为严重背离公司独立人格本质，且符合法定构成要件时，才突破有限责任。这一立场对于防止该制度在司法实践中的滥用具有重要意义。未来，随着关联交易复杂化、资产转移隐蔽化，司法机关需进一步细化法人人格否认的证明标准，而立法层面可考虑引入"举证责任倒置"的特殊规则（如针对一人公司或绝对控股股东），在保障交易安全与维护公司制度之间实现动态平衡。本案的示范价值在于通过严谨的法律推理，为这一平衡机制的构建提供了可复制的裁判范本。

第八节　吴某某、肇某某等股东损害公司债权人利益责任纠纷案

审理法院：最高人民法院

案号：(2022)最高法民再 89 号

裁判日期：2022 年 11 月 14 日

本案是一起典型的股东损害公司债权人利益责任纠纷案件，涉及多个主体复杂的债权债务关系及股权、资产转让行为。最高人民法院通过再审，对案件关键问题进行了深入剖析和公正裁判，为类似案件的处理提供了重要司法范例。本节将从案件背景、法院裁判逻辑、实务启示以及对公司治理和市场秩序的影响四个方面进行分析。

一、案件背景与争议焦点

2011 年，债权人甲与债务人乙公司等签订《借款合同》，出借 1 740 万元。然而，借款到期后，乙公司等未履行还款义务，甲公司于 2013 年向法

院提起诉讼。在此期间，2012 年乙公司的股东发生变更，原股东丙、丁、戊将股份转让给新股东己、庚、辛。

在案件审理过程中，争议焦点逐渐凸显。一审法院关注新股东己等三人是否存在出资不实或抽逃资金行为，以及关联公司 A 是否应对此承担连带责任。此外，还关注关联公司 A 是否存在转移乙公司资产和债务以侵害债权人利益的行为；以及乙公司、关联公司 A 和关联公司 B 之间是否存在人、财、物混同损害债权人利益的情况。再审时，争议焦点进一步明确为新股东己、庚、辛三人是否应承担出资不实或抽逃出资的责任；关联公司 A、关联公司 B 分别应否对乙公司欠付甲的债务承担连带责任；乙公司破产程序是否阻却债权人甲向股东及关联公司主张权利。这些焦点问题涉及股东、公司及相关关联公司之间的责任认定，直接关系到债权人甲的合法权益能否得到保障。

二、法院的裁判逻辑与论证

最高人民法院在再审中，对案件进行了全面审查，通过严谨的逻辑推理，纠正了原审部分事实认定和法律适用的错误。

在判定关联公司 A 的责任时，法院对《承接项目协议书》进行了深入解读。协议中虽约定“零股权转让”，但明确关联公司 A 需承担乙公司 7 000 万元范围内的全部债务。然而，关联公司 A 的一系列行为却表明其未履行承债义务。其向乙公司的“借款”并非承债，且事后全额收回该款项。不仅如此，关联公司 A 在取得乙公司股权后，将乙公司唯一资产即案涉项目低价转让给其绝对控股的关联公司 B，之后又以各种理由试图逃避责任，最终导致乙公司破产，债权人利益受损。法院认为，无论是依据协议约定还是诚信原则，关联公司 A 都应在 7 000 万元范围内对乙公司的债权人承担连带责任，原审未判令其承担责任存在错误。

对于关联公司B的责任认定，法院依据乙公司转让案涉项目时的债务情况进行分析。乙公司对外负债包括已售商铺对应的购房款返还义务、所欠工程款及借款两大部分。关联公司B在承接全部案涉项目时，仅履行了对部分商户的债务，未履行所欠借款及工程款债务，导致甲等债权人权益受损。依据相关法律规定，法院判定关联公司B应在其承接案涉项目资产时乙公司尚未清偿的债务范围内，以其承接的资产价值为限与关联公司A共同对乙公司的债务承担连带责任。这一判决纠正了原审适用法律错误的情形。

法院通过对各主体之间法律关系和行为的穿透式审查，准确把握案件核心问题，依法维护了债权人的合法权益，体现了司法裁判的公正性与权威性。

三、案例启示：同类资产转让中的责任边界划分

本案再审裁判彰显了司法在公司债务承担纠纷中精准适用法律的智慧，对同类案件裁判具有重要启示意义。

在协议解释与诚信原则适用方面，法院突破合同形式表述，结合行为要件揭示“零股权转让”背后的实质法律关系。协议约定的7 000万元债务承担条款，不能仅依据“借款”“还款”等形式外观判定履行情况，而需结合后续资产转移等关联性行为综合判断。关联公司A低价转让核心资产并逃避责任的行为，违反诚信原则，法院据此认定其承担连带责任，体现了对意思自治与诚实信用双重原则的平衡适用。

在穿透式司法审查层面，本案确立了多主体关联交易中责任认定的三重审查标准：一是合同约定的文义解释，二是履行行为的实质判断，三是结果导向的权益保护。针对关联公司B承接资产时的债务豁免范围，法院通过精确的债务数额量化，建立了“资产承接范围—债务豁免比例—

责任限额”的三段式认定模型，为同类资产转让中的责任边界划分提供了可操作的裁判规则。

结论

本案的再审判决彰显了司法机关在维护公司债权人利益方面的决心，通过对案件事实的细致审查和法律的准确适用，明确了股东及关联公司在公司运营过程中的责任边界。这对于规范公司治理、强化股东及关联方的责任意识具有重要的警示作用，也为债权人在面临类似困境时如何维护自身权益提供了典型范例。未来，无论是公司内部治理还是外部法律监管，都应进一步加强对公司债权人利益的保护，促进市场经济的健康有序发展。

第九节　浙江某装饰工程有限公司、温州某房地产有限公司等股东损害公司债权人利益责任纠纷案

审理法院：最高人民法院

案号：(2021)最高法民申 6722 号

裁判日期：2021 年 12 月 16 日

本案涉及有限责任公司股东未履行清算义务及债权人追偿责任纠纷，核心争议在于股东是否存在滥用法人独立地位、逃避债务的行为，以及共同认缴追加投资的 5 000 万元是否构成未履行出资义务。最高人民法院认为，公司破产清算程序已完成且债权人未提出异议，股东已足额缴纳注册

资本，且债权人未能充分证明人格混同，因此裁定股东无须对公司债务承担连带责任。本节将从案件背景、裁判逻辑及法律启示三个方面进行分析。

一、案件背景与争议焦点

本案是一起典型的股东损害公司债权人利益责任纠纷，展现了有限责任公司清算程序中各方利益的复杂博弈。装饰工程公司作为债权人，在房地产公司破产清算后，主张该公司三名股东存在滥用法人独立地位、逃避清算义务及出资不实等行为，要求三名股东对该公司债务承担连带责任。争议的核心在于股东行为是否构成《公司法》第二十条第三款的“法人人格否认”情形，以及5 000万元追加款项的法律性质认定——债权人坚称其属于应缴未缴的出资，而股东方则抗辩该笔款项仅为商业投资性质，与法定出资义务无关。本案件折射出公司资本制度实践中“认缴制”与“实缴制”的模糊地带，以及债权人利益保护与股东有限责任之间的张力。

二、法院的裁判逻辑与论证

最高人民法院的裁判逻辑体现出了对公司法人人格独立性原则的坚守和对债权人举证责任的严格把握。法院首先确认房地产公司的强制清算程序已合法完成，且债权人未在清算阶段提出异议，这一事实成为否定股东逃避清算义务的关键依据。对于人格混同的主张，法院采取“证据优势主义”标准，强调债权人未能提供股东与公司存在财务、人员混同的充分证据，实质上否定了“法人人格否认”的适用可能性。关于5 000万元款项性质的认定，法院通过区分“注册资本”与“商业投资”的法律属性，指出股东已足额缴纳公司章程载明的3 000万元注册资本，而追加投资属于股东间的商业安排，不构成法定的出资义务。这种裁判思路体现了司法实践对股东有限责任原则的谨慎突破，反映出对公司自治边界的尊重。

三、案例启示：资本认缴制下的权责边界重构

本案暴露出认缴资本制改革后出现的新型博弈态势：其一，股东通过“资本追加协议”等商业安排模糊出资义务边界的行为，可能成为规避责任的灰色地带，债权人需增强对股东会决议、公司章程修订等文件的审查能力；其二，破产清算程序的参与度直接影响后续追责，债权人若未在清算阶段及时主张权利，可能被视为对现状的默认；其三，法人人格否认的举证责任分配仍倾向于债权人，需建立系统的证据保全机制，特别是对关联交易、资金往来等混同迹象的固定。对实务工作者的启示在于：股东应避免任何可能被解读为“过度控制”的商业操作，而债权人则需构建“事前审查—事中监督—事后追偿”的全流程风险防控体系。

结论

本案终裁结果彰显了最高人民法院在保护债权人利益与维护公司独立人格之间的价值权衡。裁判要旨提示我们：现代公司治理中，股东有限责任仍是基石性原则，司法干预必须保持克制。但克制不等于放纵，当债权人能够证明股东存在“持续性混同”或“明显逃废债意图”时，法人人格否认制度仍将发挥震慑作用。对于正在推进混合所有制改革的企业而言，本案的深层意义在于警示各方：公司独立法律人格不是股东规避责任的护身符，资本运作的创新必须建立在权责清晰的治理结构之上。未来立法或可考虑对“股东异常行为”建立类型化判断标准，为商业实践提供更明确的行为预期。

第十节　上海某投资有限公司与上海某汽车有限公司、扬州市某机电企业借贷纠纷案

审理法院：最高人民法院

案号：(2016)最高法民再37号

裁判日期：2016年6月21日

本案涉及有限责任公司股东未履行清算义务导致公司无法清算，债权人主张股东承担连带责任的争议。核心问题在于股东怠于清算的行为是否与债权人损失存在因果关系，以及非控制股东的责任认定标准。最终，最高人民法院认定，股东虽未及时组织清算，但公司早已资不抵债，且债权人未能证明股东行为导致公司财产灭失，因此股东无须承担连带责任。本节将从案件事实、法院裁判逻辑及法律启示三个方面进行分析。

一、案件背景与争议焦点

本案涉及一起长达十余年的债权追索纠纷。某投资公司（债权人）通过债权转让取得了对某汽车销售公司（债务人）的400万元债权。然而，因债务人被吊销营业执照且无法清算，债权人要求其两名股东承担连带清偿责任。案件的核心争议聚焦于三个层面：第一，公司法司法解释的溯及适用问题；第二，股东清算义务的履行标准；第三，因果关系在清算责任认定中的关键作用。这些争议深刻地反映了法律修订过渡期中股东责任认定标准的变迁和冲突。

二、法院的裁判逻辑与论证

最高人民法院采用“三阶分析法”进行裁判论证：首先确认法律适用的时间基准，指出在2005年《公司法》修订前对吊销营业执照情形下的清算义务缺乏明确规定；继而分析股东实际行为，认定其中一方股东已通过强制执行程序尽到资产清算义务；最后运用“实质因果关系”理论，论证即便及时清算也无法改变债权人无法受偿的结果。对于司法解释溯及力问题，法院创新性地提出“补缺例外”原则，即在旧法存在漏洞时可参照新法，但需兼顾当事人合理预期。这种裁判方法体现了原则性与灵活性的统一。

三、案例启示

本案为市场主体提供三重警示：对债权人而言，受让历史遗留债权需重点核查债务人的清算状态及股东责任豁免可能性；对股东而言，即便在法律规定不明时期，也应通过诉讼、执行等途径留存已尽勤勉义务的证据；对司法实践而言，处理法律溯及力问题需平衡“填补法律漏洞”与“保护合理预期”的双重价值。更深层的启示在于：在市场主体对法律稳定性的信赖与债权人利益保护之间，司法裁判应当建立“过渡期特别规则”，避免对历史行为适用事后标准。

结论

最高人民法院通过本案确立了两项重要规则：第一，股东清算责任的认定应坚持“因果关系实质性审查”标准，不能仅凭未清算事实推定责任；第二，法律修订前的行为可参照新法认定责任，但需考量当事人基于旧法形成的合理预期。这些规则完善了《公司法》司法解释的适用体系，为处理历史遗留的债务问题提供了裁判指引。未来立法可考虑设置“清算责任豁免条款”，对法律修订前已尽合理努力的股东给予责任豁免。

第二章
高院典型案件

第一节　江苏某窗业有限公司股东损害公司债权人利益责任纠纷案

审理法院：江苏省高级人民法院

案号：(2021)苏民申8384号

裁判日期：2022年4月24日

本案围绕公司股东是否应对公司债务承担连带责任这一核心争议展开，涉及公司法人独立地位、股东有限责任以及债权人权益保护等关键法律问题。经过再审审查，法院对相关争议进行了判定，为类似案件的处理提供了重要参考。以下是对争议焦点、推理过程、裁判结果和案例启示等方面的分析。

一、争议焦点

本案的核心争议在于股东公司是否应当对目标公司的债务承担连带责任。这一争议的关键在于判断股东公司是否存在滥用公司法人独立地位和股东有限责任并严重损害债权人利益的行为，该判断直接影响债权人的利益能否得到法律的支持。

二、法院的推理过程与论证

法院在本案再审审查中，紧扣《公司法》关于公司人格独立与股东有限责任的基本原则，围绕债权人主张的股东人格混同要件展开严格的证据审查与法律推理。法院首先重申，否认公司人格须以股东滥用权利导致公司丧失独立人格及严重损害债权人利益为前提，且债权人对此负有充分的举证责任。

针对债权人公司提出的股东公司应承担连带责任的主张，法院从两个关键维度展开分析：其一，股权结构与公司控制能力的关联性。股东公司作为目标公司45%股权的持有者，并非绝对控股股东，在无证据证明其通过协议安排或实际管理行为支配公司决策的情况下，仅凭股权比例无法直接认定其具备控制公司的能力。其二，审查证据链的完整性。债权人公司主张股东公司滥用权利的核心依据是资金去向不明，但未能提供财务账册、资金流向记录或股东会议决议等关键证据，以证明股东公司存在无偿使用公司资金、财产混同或操纵公司意志等行为。

法院特别指出，公司独立人格和股东有限责任是《公司法》的基本原则，债权人主张否认公司人格的，应提供充分证据证明股东滥用权利导致公司丧失独立财产或独立意思，否则不得突破有限责任原则。本案中，目标公司作为独立法人，其注册资本到位且股权结构清晰，股东公司的股东身份与公司债务之间的法律边界仍受《公司法》基本原则保护，债权人未能完成法定举证责任，故再审审查维持原审对公司人格独立的认定。

三、案例启示：股东责任认定的举证边界与公司治理要义

本案裁判为股东损害公司债权人利益责任纠纷的审理提供了双重指

引，既明确了债权人的举证责任要件，也强化了公司治理中股东权利行使的合规边界。

在举证责任层面，本案重申了“谁主张谁举证”的一般规则在公司法人人格否认案件中的严格适用：债权人不仅需证明股东与公司存在资金、业务或人员上的关联，更需进一步证明该关联已达到“滥用公司法人独立地位”的行为，即股东行为导致公司财产与股东财产混同、公司决策受股东绝对控制，且最终造成债权人利益严重受损。对于非绝对控股的股东，债权人需要提供超出股权比例的证据，以证明股东对公司的实质控制，而不能仅以资金去向不明来认定其责任。

从公司治理角度分析，本案凸显了股权结构与风险隔离的重要性：即使作为非控股股东，股东仍需遵守资本维持原则，确保与公司的交易具备合法对价、完整财务记载及必要决策程序，避免因资金往来不明或管理越权而陷入人格混同争议。对于债权人而言，在交易前应重点审查目标公司的股东股权比例、历史关联交易记录及财务透明度，诉讼中需聚焦“股东实质控制公司”与“公司责任财产不当减少”的直接证据收集，避免因举证不完整导致败诉风险。

结论

本案再审审查裁定明确了在股东损害公司债权人利益责任纠纷中，证据对于判定股东责任的重要性。一方面，督促债权人在维权时遵循法律程序，提供充分、有效的证据；另一方面，警示股东要依法依规经营公司，维护公司的独立人格。这一裁定有助于维护市场交易秩序，促进市场经济的发展。

第二节　江苏某建筑工程有限公司股东损害公司债权人利益责任纠纷案

审理法院：江苏省高级人民法院

案号：(2021)苏民再 403 号

裁判日期：2022 年 1 月 21 日

本案围绕有限责任公司股东与债权人之间的权益纷争展开，关键在于判定股东与公司之间是否因各种关联关系构成人格混同，进而确定股东对公司债务的责任承担问题。经再审认定，相关股东需对公司债务承担连带责任，这一判决为类似案件的处理提供了重要参考。以下是对案件背景、法院裁判逻辑、实务启示以及制度价值与展望四个方面的深入剖析。

一、案件背景与争议焦点

某公司成立后，关联公司在实际经营管理中深度介入，两公司在人员、财产、经营等方面联系紧密。2013 年 6 月，两公司将目标公司股权无偿转让给第三方，并约定转让前的债权债务由原股东按持股比例承担。此后，因目标公司拖欠工程款，债权人提起诉讼，主张关联公司与目标公司存在人格混同，要求关联公司承担连带责任，同时要求另一股东按持股比例对债务承担相应责任。

二、法院的裁判逻辑与论证

再审法院对本案争议焦点进行了全面且深入的分析论证，构建了一套严谨的裁判逻辑体系。在举证责任分配方面,法院明确指出一审审计存在明显瑕疵。因目标公司账册由关联公司掌控,而关联公司又无法证明已将账册移交,法院合理推定对其不利的主张成立。在事实审查环节,法院从多个角度对人格混同的实质要件进行了深入审查。在财产混同方面,关联公司存在擅自调配目标公司财产等不当行为。在人员混同方面,关联公司向目标公司派驻人员,却无法清晰说明具体情况。在经营管理混同方面,关联公司长期以目标公司名义对外开展经营活动。在法律责任认定阶段,法院判定关联公司对目标公司的债务承担连带清偿责任,另一股东按持股比例承担相应责任。

三、案例启示:对实务操作的重要指引

从本案中可以总结出一系列对实务操作具有重要指导意义的要点。在人格混同的审查标准方面,需从财务、人员和经营三个维度进行综合考量。对于债权人来说,在维权过程中需要制定合理的举证策略。从公司治理的角度来看,为避免类似风险,企业需强化合规管理。在关联交易方面,应建立健全严格的决策审批机制。在财务资料管理方面,明确账册保管责任主体。在人员管理方面,股东派驻人员应通过公司合法的董事会决议程序。

结论

本案的判决具有重要的制度价值,它突破了以往仅对公司形式合规的审查模式,创新性地确立了"实质控制导致人格混同"的裁判规则。在举证责任方面,法院应当根据证据掌握情况合理分配举证责任。在人格混同判断上,摒弃了对单笔交易形式合法性的片面关注。在股东责任划

分上，明确了股权无偿转让时原股东债务分担约定的对外效力。展望未来，本案的裁判为公司治理敲响了警钟，股东在行使控制权时必须严守法律边界。同时，司法机关应进一步加强对类似案件的研究和总结，不断完善人格混同的认定标准和裁判规则。

第三节　徐某某与黄某股东损害公司债权人利益责任纠纷案

审理法院：上海市高级人民法院

案号：(2018)沪民终 43 号

裁判日期：2020 年 11 月 30 日

本案涉及有限责任公司股东滥用公司独立人格损害债权人利益的纠纷，核心争议在于徐某、黄某作为公司股东，是否通过不当转移公司资金导致公司丧失偿债能力，进而需对公司债务承担连带责任。上海市高级人民法院认定，其在股权转让过程中利用控制地位，将公司资金共计 7 459万元转入关联方账户，构成滥用股东权利及公司法人独立地位，严重损害债权人利益，故判决股东在转移资金范围内承担连带清偿责任。以下从案件事实、法院裁判逻辑及法律启示三个方面进行分析。

一、案件背景与争议焦点

本案涉及上海爱某某公司(以下简称“A 公司”)在股权转让过程中股东与债权人之间的利益冲突。2007 年，徐某、黄某通过拍卖方式取得 A 公司 100%股权，在 2009 年将股权转让给元某公司和贺某。在此期间涉及A公司向民生银行贷款4 000万元,用于后续资金流转。核心争议在于:徐某、黄某是否通过控制A公司账户将公司资金3 959万元及3 500万元转至关联方,构成滥用股东权利损害债权人利益;以及元某公司作为股权受让方是否参与共同侵权。案件的特殊之处在于,债权人的债权经法院调解书确认后,因A公司资产被转移导致无法执行,故需追究股东及实际控制人的责任。这反映出有限责任公司治理中常见的"财产混同""抽逃出资"和"担保能力风险"等典型问题。

二、法院的裁判逻辑与论证

法院从公司人格独立与股东责任边界的角度出发,构建了"行为不当性—损害结果—因果关系"的三阶论证体系。被告作为控股股东,以A公司名义贷款后直接将资金用于支付自身股权转让款,该行为属于"以公司财产为股东债务买单"的典型滥用行为。针对3 959万元转账,法院穿透《备忘录》中"由元某公司负责偿还贷款"的内部约定,指出该安排不具有对外效力,且所谓"过桥资金偿还"未实质降低公司负债。对于3 500万元转账,法院强调股东对资金来源的审查义务,即便股权转让期间公司控制权发生转移,原股东收取公司资金仍缺乏正当性。在论证人格混同时,法院特别关注资金流向与股东个人利益的直接关联性,而非简单以财务凭证瑕疵认定混同,体现了对"实质性损害标准"的把握。最终适用《公司法》第二十条第三款法人人格否认,判决各被告在转移资金范围内承担连带责任。

三、案例启示:股东权利行使的合规边界

本案暴露出有限责任公司治理中的三重博弈困境:其一,股东与公

司的财产区隔意识薄弱，徐某夫妇将A公司视为融资工具，通过复杂的股权转让协议掩盖资金输送的实质；其二，债权人风险防范机制失效，天某公司作为专业金融机构，未对A公司担保能力进行动态评估；其三，股权受让方贺某参与资金划转，反映控制权交接期间的监管真空。实务中应建立三方面的防御机制：对于股东，需完善财务隔离措施，避免公司资金用于股东个人交易；对于债权人，应在接受担保时核查公司近期大额资金流向；对于股权受让方，需在交易前委托第三方审计，明确标的公司的债务清偿责任。本案同时警示，法院对“法人人格否认”的适用呈现从严趋势，股东仅证明形式合规不足以免责，必须举证证明资金往来的实质公平性。

结论

A公司案揭示了公司法理论中“契约自由”与“利益衡平”的永恒张力。从表面看，股东通过一系列协议完成了股权转让与债务安排，符合商业自治原则；但实质上，这种建立在掏空公司偿债能力基础上的“契约自由”，最终由无辜的债权人承担代价。法院判决的价值在于，通过否定公司人格重新校准各方利益：一方面维护公司独立人格的基本原则，另一方面对股东过度控制行为设定“负面清单”。未来立法可考虑引入“深石原则”，对股东债权与外部债权的清偿顺位作出区分，从根源上抑制机会主义行为。公司不仅是股东营利的工具，更是承载多方信赖的利益共同体，本案为有限责任公司治理提供了生动的风险样本。

第四节　深圳某酒业有限公司买卖合同纠纷案

审理法院：广东省深圳市龙岗区人民法院

(2021)粤0307民初24086号

裁判日期：2021年12月24日

本案涉及有限责任公司股东滥用法人独立地位损害债权人利益的典型情形。原告与被告签订采购合同并支付货款后，被告未履行交货义务，且货款被转入其法定代表人兼控股股东的个人账户。原告主张该股东滥用公司独立人格，应承担连带责任。法院最终认定，其以个人账户收取公司货款的行为构成财产混同，违反了《公司法》第二十条第三款关于股东有限责任的限制性规定，因此判决其对公司债务承担连带责任。以下从案件背景、裁判逻辑及法律启示三个方面进行分析。

一、案件背景与争议焦点

本案是一起典型的买卖合同纠纷，涉及有限责任公司股东滥用法人独立地位损害债权人利益的情形。原告与被告签订空调采购合同后，依约支付了10.5万元首期货款，但被告不仅未按期交货，还将货款转入其法定代表人的个人账户拒不退还。案件的核心争议在于：当公司财产与股东个人财产发生混同时，股东是否应当对公司债务承担连带责任。这实质上反映了有限责任公司制度下股东有限责任与债权人利益保护的冲突——该股东作为持股80%的实际控制人，通过个人账户收取公司货款的行为，已构成对公司独立人格的实质性否定。

二、法院的裁判逻辑与论证

法院的裁判逻辑清晰地呈现了“行为识别—法律评价—责任认定”的三层论证结构。首先通过银行转账记录、微信聊天记录等证据链，确认了股东将公司货款转入个人账户的客观事实；继而援引《公司法》第二十条第三款关于“法人人格否认”的规定，认定该行为属于“滥用公司法人独立地位和股东有限责任”的典型情形；最终基于“法人人格否认”理论，判决股东对公司债务承担连带责任。值得注意的是，法院特别强调了“公司账户与个人账户分离”这一形式要件的法律意义，指出有限责任公司必须保持财产独立性，否则将导致股东有限责任保护机制的失效。这种论证方式体现了司法实践中对股东权利边界的严格限定。

三、案例启示：股东财产混同的司法识别标准

本案为有限责任公司治理提供了深刻的警示：首先，股东财产混同的认定标准正在从“持续性混同”向“单次重大混同”演变。传统理论认为需证明股东财产长期混同，但本案中单笔大额货款转入个人账户即被认定构成混同，反映了司法实践对债权人保护的倾斜。其次，法定代表人身份具有双重风险效应。该股东同时作为法定代表人兼控股股东，其个人行为更容易被推定为公司行为，这种身份叠加显著降低了债权人的举证难度。最后，微信聊天记录等电子证据的采信显示司法机关对新型证据的接纳度提升，这要求市场主体在日常经营中更需注意商事行为的规范留痕。从公司治理角度而言，本案揭示了中小股东监督缺位的问题——当控股股东绝对控制公司时，缺乏有效的内部制衡机制极易引发权利滥用。

结论

本案生动诠释了有限责任公司制度的两面性：一方面，股东有限责任确为现代企业制度的基石，能够有效激发投资活力；但另一方面，缺乏

配套制衡机制时，这种制度优势极易异化为逃避债务的工具。法院通过“揭开公司面纱”，实现了股东利益与债权人利益保护的再平衡，这种司法干预对规范商事主体行为具有重要的指引价值。对于实务工作者而言，应当认识到：公司独立人格绝非股东规避责任的护身符，完善的财务隔离机制、规范的决策程序才是防范法律风险的根本保障。未来公司治理改革中，或需进一步强化控股股东的诚信义务，通过细化“法人人格否认”制度的适用情形，构建更加公平的市场秩序。

第三章
结　论

从司法实践来看，涉及保护公司股东权益的案件数量较多，如深圳某科技有限公司案、某能源有限公司案、昆明某商贸有限公司案等。相比之下，旨在突破有限责任、保护债权人利益的案例相对较少，典型案例如某环保公司案，潘某某、徐某案，某建筑集团有限公司案等。

在实务中，突破股东有限责任的常见情形主要包括人格混同、过度支配和控制、资本不足三种类型。债权人若希望通过诉讼突破股东有限责任，起诉时需要提供完整的证据链，承担举证责任，证明存在损害行为、损害结果和因果关系；而在实务中，要想形成完整证据闭环，存在较大难度，这也在一定程度上加剧了债权人权益保护的困境。

图书在版编目(CIP)数据

有限责任公司内外利益博弈 : 股东与董事实务案例分析 / 王怡舟著. -- 上海 : 上海社会科学院出版社, 2025. -- ISBN 978-7-5520-4805-6

Ⅰ. D922.291.915

中国国家版本馆 CIP 数据核字第 2025S52A53 号

有限责任公司内外利益博弈：股东与董事实务案例分析

著　　者：王怡舟
责任编辑：李玥萱
封面设计：黄婧昉
出版发行：上海社会科学院出版社
　　　　　上海顺昌路 622 号　邮编 200025
　　　　　电话总机 021－63315947　销售热线 021－53063735
　　　　　https://cbs.sass.org.cn　E-mail:sassp@sassp.cn
排　　版：南京展望文化发展有限公司
印　　刷：上海盛通时代印刷有限公司
开　　本：710 毫米×1000 毫米　1/16
印　　张：11.75
插　　页：1
字　　数：158 千
版　　次：2025 年 8 月第 1 版　　2025 年 8 月第 1 次印刷

ISBN 978－7－5520－4805－6/D・777　　定价：88.00 元